Albert Biesinger ✸ Herbert Bendel
David Biesinger ✸ Barbara Berger ✸ Jörn Hauf

Gott mit neuen Augen sehen
Wege zur Erstkommunion
Familienbuch

Völlig überarbeitete Neuausgabe

Illustriert von Mascha Greune

Mit dem Kapitel „Mit Paula auf Entdeckungstour"
von Norbert M. Becker,
unter Mitarbeit von Frank Barrois

Kösel

Das ist meine Familie:

Schreibe hier die Namen aller Menschen auf, die zu dir gehören – nahe und ferne.

Hier sieht man meine Kindergruppe und wichtige Begleiter/innen auf meinem Kommunionweg in der Gemeinde:

Klebe hier Bilder von deiner Kommuniongruppe ein; du kannst sie auch malen. Lasse alle Menschen, die dich auf deinem Kommunionweg begleiten, hier unterschreiben.

Hallo, dieses Buch gehört …

Gestalte hier deinen Namen oder klebe ein Bild von dir ein.

Widmung

Dieses Familienbuch ist ein wertvolles Buch. Es will dir helfen, dich in deiner Familie mit Gott und der großen Gemeinschaft aller Glaubenden zu verbinden.

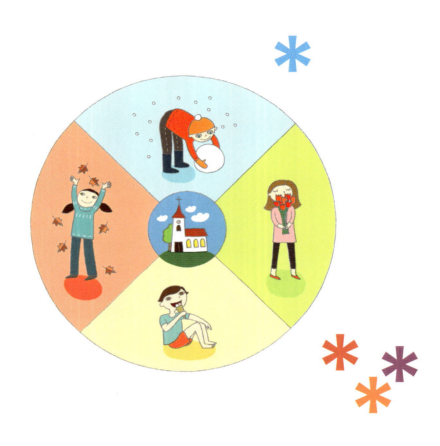

Inhalt

Vorwort	8
Kommunionweg als Familienkatechese – Einleitung für Eltern	10
Familienkatechese – Ein Netz von Gemeinschaften	18
Zum Umgang mit diesem Buch	22

Was uns wichtig ist — 30

Baustein 1	Miteinander leben	32
Baustein 2	Tag für Tag	36
Baustein 3	Den anderen sehen	40
Baustein 4	Wir streiten und versöhnen uns	44

Viele Fragen – Unser Leben gibt uns zu denken — 50

Baustein 5	Einmalig und unverwechselbar	52
Baustein 6	Was ist, wenn wir sterben?	56
Baustein 7	Wege zu Gott	60
Baustein 8	Raus aus der Sackgasse	64

Mit Jesus Gottes Spuren suchen 70

Baustein 9 ✱ In Gottes Hand geschrieben 72
Baustein 10 ✱ Mit Jesus in Kontakt 76
Baustein 11 ✱ Reich Gottes – Schatz für uns Menschen 80
Baustein 12 ✱ Unsere Tür zu Gott 84

In Brot und Wein mit Gott verbunden 90

Baustein 13 ✱ Essen und Trinken hält uns am Leben 92
Baustein 14 ✱ Jesus lädt alle ein 96
Baustein 15 ✱ Tun, was Jesus getan hat 100
Baustein 16 ✱ Wandlung und Verwandlung unseres Lebens 104

Miteinander Kirche sein 110

Baustein 17 ✱ Gott loben und danken 112
Baustein 18 ✱ Ein Tag wie kein anderer 116
Baustein 19 ✱ Gemeinde – Miteinander weitergehen 120
Baustein 20 ✱ Katholisch – In der ganzen Welt zu Hause 124

Mit Paula auf Entdeckungstour 132

Berührungen mit Gott ... 164
Das Geheimnis unseres Lebens erspüren ... 164

Als Familie die Feste im Jahreskreis neu verstehen ... 166
Berührungen in der Heiligen Nacht – Weihnachten ... 166
Aus der Dunkelheit ins Licht – Ostern ... 169
Berührungen mit dem Geist Gottes – Pfingsten ... 170
Mit Jesus unterwegs – durch das ganze Jahr ... 172

Gott antworten im Gebet ... 176
Gebete in der Liturgie ... 176

Mit Gott neu anfangen – Umkehr und Versöhnung ... 182
Die Feier der Versöhnung ... 184

Quellenverzeichnis ... 192

Vorwort

Auf dem Weg Ihres Kindes zur Kommunion kommen Sie als Eltern in Kontakt mit Ihrer eigenen Kindheit und Ihren eigenen Glaubenserfahrungen, mit Ihren eigenen religiösen Sehnsüchten und Zweifeln. Für Ihr Kind ist diese Zeit gemeinsam mit Ihnen und in der Gemeinde eine wertvolle Erfahrung. Wer sich als Mutter oder Vater mit Kindern von den großen Verheißungen Gottes – vielleicht aufs Neue – faszinieren lässt, setzt sich intensiv mit dem Sinn seines Lebens auseinander: Wir sind nicht zufällig auf dieser Welt, sondern leben immer schon in Beziehung mit Gott, auch wenn wir davon nichts ahnen.

Dieser Kommunionweg geht den Weg zur Erstkommunion (und darüber hinaus) in der Familie.

„Familienkatechese" betont, dass die Eltern die ersten Glaubenszeugen für ihre Kinder sind. In den letzten Jahren haben viele Eltern und Kinder auf diesem Kommunionweg – durch Familiengespräche zu Hause – ermutigende und lebensförderliche Erfahrungen machen können. Wir haben uns deshalb entschlossen, Familien und Gemeinden auf ihrem Weg, die Gottesbeziehung zu leben, zu unterstützen. Dieses Buch will Sie ermutigen, im Umfeld des Kommunionweges Ihre je eigene Geschichte unter dem Zuspruch Gottes weiterzuentwickeln.

Wir danken

Unser Dank gilt den zahlreichen Gemeinden in verschiedenen Ländern Südamerikas, die uns diesen Weg der „Familienkatechese" *(catequesis familiar)* als lebendige Glaubens- und Gemeindeerfahrung gezeigt haben. In Südamerika wird *catequesis familiar* als Kommunionweg von Eltern und Kindern schon seit vielen Jahren realisiert. Dieses Buch hätten wir nicht schreiben können, wenn wir uns nicht selbst jahrelang mit Familien auf die Suche nach einer neuen Qualität des Kommunionwegs für Eltern mit ihren Kindern zu Hause eingelassen hätten. Oft hörten und sahen wir mit großen Augen und Ohren, wie motiviert, engagiert und begeisterungsfähig Eltern sein können, wenn sie in ihrer Gemeinde mit ihren eigenen religiösen Erfahrungen und Kompetenzen ernst genommen werden. Besonders danken wir den vielen Gemeinden, die

die neuen Möglichkeiten und Herausforderungen dieses Weges umgesetzt haben. Es war ein Lernprozess auf vielen Ebenen, sich auf eine solch neue Bedeutung von Eltern für und mit ihren Kindern einzulassen. Herzlich danken wir allen Müttern, Vätern und Kindern sowie allen Begleiterinnen und Begleitern von Kommuniongruppen, mit denen wir in den letzten Jahren auf dem Kommunionweg unterwegs waren. In den vergangenen Jahren haben sehr viele Gemeinden mit diesen Büchern ihren Kommunionweg als Familienkatechese gestaltet. Ihr Zuspruch und die vielen Rückmeldungen von Familien, Gruppenbegleitern und Seelsorgern haben uns ermutigt, „Gott mit neuen Augen sehen" an die sich ständig wandelnden Arbeitsbedingungen und Bedürfnisse der Gemeinden sowie an den rasanten gesellschaftlichen Wandel anzupassen.

Wir danken Pater Norbert M. Becker und Frank Barrois für die Paula-Geschichte zur Liturgie und die wundervollen Lieder. Claudia Lueg und Julia Sassenroth im Kösel-Verlag danken wir für die kompetente und engagierte Begleitung dieses Buchprojektes. Zusammen mit der Illustratorin Mascha Greune haben sie zur grafisch anspruchsvollen Ausgestaltung dieses Buches beigetragen.

Wir widmen dieses Familienbuch

den Menschen in Südamerika, die diesen neuen Kommunionweg entwickelt haben,
und Ihnen, den Familien, auf Ihrem gemeinsamen Kommunionweg.

Albert Biesinger / Herbert Bendel / David Biesinger / Barbara Berger / Jörn Hauf
Tübingen, am Fest des heiligen Martin von Tours, dem 11.11.2011

Rückmeldungen können Sie richten an:
Prof. Dr. Albert Biesinger
Abteilung für Religionspädagogik
Kath.-Theol. Fakultät der Universität Tübingen
Liebermeisterstraße 12
D-72076 Tübingen
Albert.Biesinger@uni-tuebingen.de
oder unter www.gottmitneuenaugensehen.de

Einführung

Kommunionweg als Familienkatechese

Einleitung für Eltern

Alles hat seine Zeit,

geboren werden und sterben,

einpflanzen und ausreißen,

niederreißen und aufbauen,

weinen und lachen,

wehklagen und tanzen,

finden und verlieren,

schweigen und reden.

Nach Kohelet 3,1-8

Alles hat seine Zeit

Die Zeit vergeht: Bei der Geburt war Ihr Kind noch ganz klein, es war in allem auf Ihre Liebe und Fürsorge angewiesen. Es hat langsam Gehen und Sprechen gelernt, kam in den Kindergarten und später in die Schule. Im Augenblick beginnt für Ihr Kind die Vorbereitung auf die Kommunion. Als Eltern können Sie sich bereits ausrechnen, dass Ihr Kind nur noch wenige Jahre so eng mit Ihnen zusammenleben wird wie heute.

Da ist die Hektik des Alltags, da sind die Sorgen um Ihre Kinder, Ihren Beruf und die Zukunft und manchmal auch die Sorgen wegen Krankheit oder Streit in der Familie. Vielleicht haben Sie manchmal das Gefühl der Erschöpfung und der Überforderung. Da sind schon genug Ansprüche, die von verschiedenen Seiten auf Sie zukommen und die Sie nicht immer so recht zusammenbringen können.

Und jetzt kommt auch noch der Anspruch, Ihr Kind auf seinem Weg zur Kommunion intensiv zu begleiten und diesen Weg der Vorbereitung mit ihm gemeinsam zu gehen. Anspruch hat mit ansprechen zu tun. Nicht der Pfarrer oder die Gemeinde sprechen Sie an, sich auf dem gemeinsamen Vorbereitungsweg mit Ihrem Kind einzubringen. Letztlich ist es Gott selbst, der Sie und Ihr Kind anspricht und einlädt, der Ihnen Ruhe und Geborgenheit gibt. Gott, der sich in der Taufe Ihrem Kind in besonderer Weise zugewendet und es zu seinem Kind erklärt hat. Gott hat ihm Sinn und Hoffnung für sein Leben zugesagt. Bei der Taufe Ihres Kindes haben Sie versprochen, es in die Beziehung mit Gott hineinzubegleiten. Sie haben Verantwortung dafür übernommen, Ihr Kind, das mit staunenden Augen und offenen Ohren fragend durch das Leben geht, mit seinen religiösen Fragen nicht alleinzulassen.

Für Sie und Ihr(e) Kind(er) kann es eine Bereicherung sein, wenn Sie sich auf die Anregungen und Geschichten, die Spiele und Texte in diesem Familienbuch einlassen. Wenn Sie jetzt denken „Dafür habe ich nicht auch noch Zeit", dann laden wir Sie ein, sich mit diesem inneren, erst einmal berechtigten Widerstand auseinanderzusetzen. – Das Gegenteil von Druck und Stress ist gemeint, es geht vielmehr um Zuspruch und Zutrauen. Dieser gemeinsame Kommunionweg soll Ihnen und Ihrer Familie guttun: Zeit haben und sich Zeit nehmen zum Hinhören und Hinsehen; Zeit, um entspannter miteinander umzugehen und Konflikte positiv zu lösen; Zeit, um ein Gespür zu entwickeln für den Sinn unseres Lebens; Zeit, um Lebensmut und Lebenskraft zu schöpfen. Der Kommunionweg kann so zur Oase in Ihrer Familie werden. Gemeinsam können Sie Sinn finden!

Es ist sicherlich eine Herausforderung, in der Familie bewusst Zeiten der Begegnung zu schaffen und gemeinsam zu überlegen: Was ist uns wichtig, was ist uns unwichtig? Worauf legen wir in den nächsten Wochen und Monaten auf dem Weg zur Kommunion besonderen Wert? Was gewinnen wir dadurch?

Dieses Familienbuch will Sie bei Ihren gemeinsamen Zeiten des Gesprächs und der Begegnung, der Ruhe und des Nachdenkens begleiten.

Einführung

Was gewinnen Kinder und Eltern durch religiöse Erziehung?

Die Entscheidung, ob Sie Ihrem Kind die Beziehung zu Gott bewusst ermöglichen, treffen Sie als Eltern so oder so. Sie geben mit Ihrer Entscheidung Ihrem Kind eine Vorgabe mit ins Leben. Wenn Sie Ihrem Kind nicht helfen, die Beziehung mit Gott zu beginnen oder fortzusetzen, nehmen Sie ihm etwas Wichtiges weg. Ermöglichen Sie ihm aber diese Beziehung, so gewinnt es hilfreiche und umfassende Deutungen für sein Leben. Sie eröffnen ihm durch die Beziehung mit Gott die Möglichkeit, sein Leben und alle seine existenziellen Fragen in einem viel umfassenderen Kontext zu entwickeln.

Sie können davon ausgehen, dass Gott in Ihrem Leben immer schon da ist. Unsere Aufgabe ist es, Gott in unserem Leben zu entdecken – also wahrzunehmen, dass und wie Gott da ist. Um Gott zu entdecken, können wir uns Jesus anvertrauen. Er nimmt uns mit auf seinem Weg mit Gott und lehrt uns zu verstehen, dass wir schon immer zum Be-Reich Gottes gehören.

Familienkatechese geht davon aus, dass jeder Mensch seine Geschichte mit Gott hat und in jedem Menschen Gottes Geist schon längst da ist. Deshalb können getaufte und gefirmte Christinnen und Christen über ihren Glauben mit den eigenen Kindern sprechen. Dazu braucht niemand ein Theologie- oder Pädagogik-Studium.

Losgelöst vom Alltag und vom konkreten Leben kann religiöse Erziehung nicht gelingen. Es ist für ein Kind und seine Entwicklung entscheidend, ob und wie es von den eigenen Eltern religiös erzogen wird. Religiöse Erziehung hat dabei auch mit der Vermittlung von Sach- und Fachwissen zu tun, ist aber vor allem eine Sache des Umgangs miteinander. Sie ist im Wesentlichen Gespräch und Begegnung. Die Begriffe Kommunion (Gemeinschaft) und Kommunikation (Gespräch) klingen nicht nur ähnlich, sondern hängen eng miteinander zusammen. Sie müssen keine Spezialisten für religiöse Erziehung sein, um Ihr Kind auf die Kommunion vorzubereiten. Die Kirchengemeinde wird Sie und Ihr Kind begleiten. Die Gemeinde will Ihnen Mut machen, damit Sie sich selbst mit Ihren Erfahrungen und Fähigkeiten, aber auch mit Ihren Fragen und Zweifeln einbringen können.

Ihre Kinder sind Ihnen vom Schöpfer des Lebens anvertraut, sie sind aber nicht Ihr Eigentum. Wie Sie Ihre Kinder erziehen und begleiten, ist für deren Entwicklung genauso wichtig wie Essen und Trinken. Die Art und Weise, wie Sie mit Ihren Kindern in der Familie leben, wie Sie Konflikte lösen, wie Sie den Alltag gestalten, all das nimmt Einfluss auf Ihre Lebensqualität und die Ihrer Kinder.

Deswegen lädt die Gemeinde Sie zu Elterntreffen ein, bei denen Sie Ihren eigenen Glauben neu verstehen und vertiefen können, um ihn mit Ihrem Kind zu teilen. Es ist wenig sinnvoll, Kinder auf die Kommunion vorzubereiten, wenn ihnen ihre Eltern wichtige gemeinsame Glaubenserfahrungen nicht ermöglichen, sie beim Glauben-Lernen mehr oder weniger alleine lassen und sie nur anderen Erziehern anvertrauen. Eltern tun alles ihnen Mögliche für ihre Kinder, wollen das Beste für sie, kümmern sich aber oft nur wenig um eine gelingende Beziehung mit Gott. Dabei sind viele Eltern durchaus guten Willens, oft wissen sie aber nicht so recht, wie sie mit ihrem Kind den Glauben in der Familie leben können, ohne dass es frömmelnd oder oberflächlich wird.

Dieses Familienbuch hilft Ihnen, mit Ihrem Kind neue Wege der Glaubenserfahrung und des Glaubenlernens in Ihrer Familie zu entdecken und gemeinsam zu gehen. Sie können dadurch Erfahrungen machen, die Sie sich selbst bisher vielleicht gar nicht zugetraut haben. Dieser Prozess stößt vielleicht auch nach Jahren Türen zum Glauben (wieder) auf, die aus vielen Gründen und vielleicht auch negativen Erfahrungen zugeworfen sind. Eine wunderbare Entdeckung: Glaube wächst und verändert sich ein Leben lang. Christin oder Christ sind wir nicht für uns allein, sondern Christen sind wir immer zusammen mit anderen. Nicht von ungefähr ist der innerste Kern unseres Gottesdienstes die Mahlgemeinschaft. Hier wird am deutlichsten spürbar: Keiner lebt und stirbt für sich alleine, sondern wir gehören als Jüngerinnen und Jünger zu Jesus Christus, auf dessen Namen wir getauft sind. Als Familie sind Sie ein Teil Ihrer Kirchengemeinde. Eine Gemeinde ist kein abstraktes Gebilde, sondern besteht aus vielen Gesichtern, aus alten und jungen Menschen, aus Frauen und Männern, aus Kindern und Jugendlichen. Damit Gemeinde lebendig wird oder bleibt, ist es notwendig, dass sich die unterschiedlichsten Menschen als Gemeinschaft zusammenfinden. Gemeinschaft unter uns entsteht immer, wenn wir miteinander kommunizieren. Eine so große Gemeinschaft wie eine Gemeinde bildet sich dann, wenn zum Beispiel die vielen Familien-Gemeinschaften es – im positiven Sinn – „miteinander zu tun bekommen". Gemeinde drückt sich gerade dort aus, wo in den vielen verschiedenen kleinen Gemeinschaften Christinnen und Christen versuchen, ihren Alltag und ihr Zusammenleben nach der Botschaft Jesu Christi zu gestalten.

Einführung

Heile Familie?

Für den gemeinsamen Kommunionweg müssen Sie keine heile Muster-Familie sein! Sie können davon ausgehen, dass es die heile Familie sowieso nicht gibt. In welcher Familiensituation Sie derzeit auch immer leben, ob gemeinsam als Vater und Mutter oder als Alleinerziehende/r oder als Wiederverheiratete. Auch Großeltern, Tages- und Pflegeeltern verstehen wir bei der Begleitung der Kinder auf die Kommunion als solch wichtige Bezugspersonen. Für ihre Kinder sind sie auf ihre Weise die Eltern. Für alle Formen von Familie ist es wichtig, mit dem Kommunionkind Zeiten der Gemeinschaft und des Gesprächs intensiv zu erleben und damit die Beziehung untereinander zu vertiefen.

Familienkatechese und Familienleben

Wenn es um die religiöse Erziehung Ihres Kindes und um die Vorbereitung auf den Erstempfang des Kommunion-Sakramentes geht, spielt das Gespräch miteinander eine wichtige Rolle. Jede menschliche Gemeinschaft – also auch jede Gestalt von Familie – lebt davon, dass Menschen sich unterhalten, dass sie sich austauschen über das, was ihr Leben ausmacht, was sie freut oder ärgert, was sie bedrückt oder was ihnen Hoffnung gibt. Durch den Austausch im Gespräch, gemeinsames Erleben und Gestalten geben wir uns untereinander Anteil an unserem Leben. Wenn wir uns gut und sinnvoll untereinander verständigen können, wissen und erfahren wir viel voneinander. Wir lernen einander besser kennen und besser verstehen. Wir werden so immer mehr zu einer Gemeinschaft, nicht nur oberflächlich und von außen, sondern von innen her.

Wie wir Menschen Gemeinschaft leben können, lernt ein Kind in den ersten Jahren seines Lebens hauptsächlich im Zusammenleben mit seinen Eltern. Indem Eltern und Kinder ihr Leben miteinander teilen, lernt das Kind leben. Zwischen Eltern und Kindern läuft ein wechselseitiger Prozess des Teilhabens und Teilnehmens am Leben des anderen ab. So verhält es sich auch mit dem Glaubenlernen. Durch das gemeinsame Glaubens-Leben in der Familie lernt ein Kind am nachhaltigsten glauben. Glaube ist nicht als etwas Fertiges zu bekommen und zu vermitteln, sondern entsteht im Miteinander und wächst durch Erfahrung und Austausch. Als Eltern sind Sie am engsten mit Ihrem Kind und seinen Erfahrungen vertraut. Niemand liebt Ihr Kind so sehr wie Sie als Vater und Mutter. Diese enge Beziehung der Liebe, des Vertrauens und der Zuwendung ist der Raum, in dem es überhaupt erst möglich wird, das Sakrament der Kommunion lebensnah und lebensbedeutsam zu erschließen.

Wie es konkret gehen kann

Der Kommunionweg als Familienkatechese setzt wesentlich auf das Gespräch und das gemeinsame Tun zwischen Ihnen und Ihrem Kind. Er will die Kommunikation unter Ihnen anregen und fördern. Religiöse Erziehung hat dort die besten Chancen, wo Eltern versuchen, mit ihrem Kind über ihren eigenen Glauben zu sprechen. Glaube darf kein Geheimwissen oder Tabu sein, über das wir nicht sprechen – aus welchen Gründen auch immer. Glaube lebt davon, dass er mitgeteilt und ausgetauscht wird. Deshalb setzt Familienkatechese einen entschiedenen Akzent: Das Familiengespräch, also der Austausch über den christlichen Glauben, das Sprechen über und zu Gott zwischen Ihnen und Ihrem Kommunionkind, ist der zentrale Kern der Familienkatechese. Das Verständnis von Eucharistie (Empfangen/Danken) erschließen sich Eltern und Kinder zu Hause im Gespräch. Das ist für Eltern und Kinder oft eine gemeinsame Entdeckungsreise.

Einen neuen Zugang zum eigenen Glauben zu finden, diesen eigenen Glauben mit Ihrem Kind zu teilen, ihn Ihrem Kind mitzuteilen, dabei helfen Ihnen die Treffen mit anderen Eltern und dieses Familienbuch. Egal an welchem Tag, zu welcher Uhrzeit, ob zu Hause oder unterwegs: Wann Sie den Baustein zum Familiengespräch der jeweiligen Woche in Ihr Familienleben einbinden, ist letztlich nicht so entscheidend. Wichtig ist, dass und wie Sie dies tun. Folgende Überlegungen können Ihnen dabei vielleicht helfen:

* Ein regelmäßiger Termin für das Familiengespräch kann Ihnen helfen, dem Familiengespräch einen festen Platz in Ihrer Wochengestaltung zu geben.

* Ein Zeitpunkt im Tageslauf, der Ihnen gemeinsam Zeit und Ruhe lässt, ist für eine entspannte Gesprächsatmosphäre hilfreich.

* Streitereien behindern ein offenes Gespräch. Versuchen Sie zuallererst eine versöhnte Gesprächsbasis miteinander zu finden.

* Eine Umgebung, in der Sie und Ihr Kind sich wohlfühlen und in der Sie ungestört miteinander reden können, ist wichtig.

Einführung

* Sie können diesen Ort, an dem Ihr Familiengespräch stattfindet, gestalten. Diese Gestaltung muss für Sie und Ihr Kind stimmig sein. Blumen, eine Kerze, selbst gemalte Bilder, ein Kreuz, Fotos von wichtigen gemeinsamen Erlebnissen – das sind einige mögliche Gestaltungselemente.

Wichtig ist, dass Sie sich überhaupt auf das Gespräch in der Familie einlassen und dass Sie dies regelmäßig tun. Das Gespräch zwischen Ihnen und Ihrem Kind ist das zentrale Element des Kommunionwegs, das durch die Kindergruppe nicht ersetzt werden kann. Noch ist Ihr Kind im Gespräch mit Ihnen wahrscheinlich sehr offen. Sie können hoffentlich relativ leicht auch über schwierige Dinge mit ihm reden. In wenigen Jahren kommt Ihr Kind in die Pubertät und fängt an, sich langsam von Ihnen, den Eltern, abzulösen. Das Familiengespräch kann daher auch für die spätere Gesprächsbasis in Ihrer Familie eine große Chance sein. Sich in der Zeit der Kommunionvorbereitung in Gesprächen bewusst und mit Interesse aufeinander einzulassen, gibt Ihnen die Chance, auch für die kommenden Jahre ein Fundament für ein gutes Gesprächsklima zu schaffen. Freuen Sie sich an Ihrem Kind und genießen Sie diese Zeit! Nur wenige Jahre wird Ihr Kind noch so eng mit Ihnen zusammenleben.

Die Begleitung zur Kommunion erfordert bestimmte Themen für das Familiengespräch – dazu ist dieses Buch geschrieben worden. Es will Ihnen eine Hilfe sein, damit Sie zu Hause mit Ihrem Kind über diese wichtigen Themen der Kommunion sprechen können: Zu jedem Thema finden Sie Ideen, Anregungen, Geschichten, biblische Texte, damit Sie Ihr Kind Schritt für Schritt ganz behutsam auf die Kommunionfeier vorbereiten können.

Dieses Buch kann nicht immer Ihre eigene Sprache sprechen. Deshalb ermutigen wir Sie, Ihre eigene Sprache, Ihre eigenen Worte zu finden, wenn Sie sich mit Ihrem Kind zu den einzelnen Themen unterhalten. Das Buch ist wie ein Geländer, das Ihnen sicheren Halt geben will.

Lieder zum Anhören und Mitsingen

Um Sie beim Singen zu Hause und in der Kindergruppe zu unterstützen, finden Sie alle Lieder aus dem Baustein „Mit Paula auf Entdeckungstour" auf der beiliegenden CD, gesungen vom Kinderchor „KIKIMU-Konzertchor an der Marktkirche Hannover", und auch als Playbackversion zum Mitsingen.

Die Playbackversion zu den Liedern „Nach deinem Ebenbild" (S. 43), und „Herr, in deinen guten Händen" (S. 37 und 121) finden Sie auf der Homepage www.gottmitneuenaugensehen.de.

Folgende Lieder finden Sie auf der beiliegenden CD:

1. Kommunion heißt: Wir feiern Gemeinschaft   2:01
2. Heute feiern wir ein großes Fest   2:26
3. Kyrie: Du hast Dich in die Welt gebracht   2:12
4. Gloria: Wir loben dich, wir preisen dich   2:00
5. Antwortgesang: Halleluja singen wir   1:42
6. Fürbittruf: Höre unser Gebet, guter Gott   2:10
7. Gabenlied: Wir bringen das Brot, wir bringen den Wein   2:20
8. Gabenruf: Du bist so fern, du bist so nah   2:27
9. Sanctus: Heilig   1:56
10. Friedenslied: Wir reichen uns die Hände   2:42
11. Lamm Gottes: Lamm Gottes   2:54
12. Danklied: Jesus, wir danken dir   2:12
13. Schlusslied: Gesegnet und beschenkt   2:21

Ab Track 14 finden Sie zu jedem Lied eine Playbackversion (zu den Fürbittrufen gibt es drei einzelne Tracks unterschiedlicher Länge) sowie den Bonus-Track: „Guten Morgen und Guten Tag!" (ebenfalls mit Playbackversion). Den Text dieses Bonus-Liedes finden Sie im Download-Bereich der Homepage: www.gottmitneuenaugensehen.de.

Einführung

Familienkatechese – Ein Netz von Gemeinschaften

Der Weg der Kommunionvorbereitung, den Ihre Gemeinde geht und der nur mit Ihrer Mitgestaltung möglich ist, hat einen konkreten Namen: Familienkatechese. Gemeint ist ein kirchlich getragener Weg der Begleitung und Einübung in den christlichen Glauben, der die Familie (in jedweder Form) in den Mittelpunkt stellt. Beim Kommunionweg als Familienkatechese geht es vor allem um Gemeinschaft – das bedeutet nämlich das lateinische Wort *communio* auf Deutsch. Familienkatechese trifft eine klare Entscheidung:

Das Kommunionkind geht nicht alleine zur Kommunion, sondern die Familie geht mit der Gemeinde zur Kommunion!

Das Entscheidende an diesem Kommunionweg ist, dass Sie bei der Vorbereitung Ihres Kindes eine zentrale Bedeutung haben und Sie in der Begleitung Ihres Kindes auf vielfältige Weise unterstützt werden. Was Sie zu Hause Ihrem Kind vermitteln oder nicht, kann niemand ersetzen. Als Mutter und/oder Vater, als Familie mit dem Kind Wege in die Beziehung mit Gott zu suchen und zu gehen, ist Anliegen der Familienkatechese. Denn die Familie – in unterschiedlichsten Ausprägungen – ist die grundlegende Gemeinschaft, in der ein Kind lebt; sie ist die Basis-Gemeinschaft.

Im Folgenden finden Sie den Aufbau und die Anliegen der Familienkatechese:

Ein Netz von Gemeinschaften

Beim Kommunionweg als Familienkatechese treffen sich viele Menschen in verschiedenen Gemeinschaften bzw. Gruppen. Es sind dies:

(1)   die Gemeinschaft der Familie: die Eltern und das Kommunionkind im Familiengespräch

(2)   die Gemeinschaft der Eltern in der Elterngruppe

(3)   die Gemeinschaft der Kinder in der Kindergruppe

(4)   die Gemeinschaft der (jugendlichen) Begleiterinnen und Begleiter der Kindergruppen

(5)   die Gemeinschaft der Begleiterinnen und Begleiter der Elterngruppen

(6)   die Gemeinschaft des katechetischen Leitungsteams

Das Modell zeigt Ihnen im Überblick, welche Gruppen auf dem Weg der Familienkatechese beteiligt und wie sie aufeinander bezogen sind:

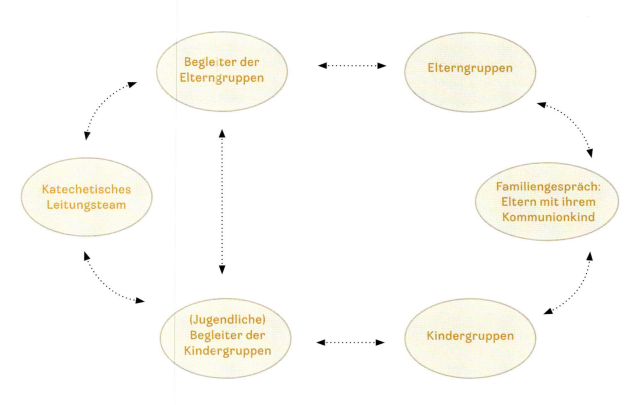

Familienkatechese ist ein Netz von Gemeinschaften. Sowohl die Erwachsenen als auch die Kinder setzen sich mit ihrem Leben und ihrem Glauben auseinander. Sie sprechen über sich und ihr Leben. Damit sprechen sie auch über ihren Glauben. Eltern und Kinder, Begleiterinnen und Begleiter entwickeln sich durch ihren gemeinsamen Kommunionweg in ihrem christlichen Leben und Glauben weiter und versuchen, das Geheimnis ihres Lebens tiefer zu verstehen.

Einführung

Die Eltern treffen sich – Elterngruppe

Vater und/oder Mutter begleiten ihr Kind auf dem Kommunionweg durch das gemeinsame Familiengespräch zu Hause. Indem Sie sich regelmäßig in einer Elterngruppe treffen, haben Sie die Chance, sich mit anderen Eltern auszutauschen, Neues zu erfahren für Ihr Leben und Ihren Glauben. Als Eltern machen Sie sich gemeinsam neu Gedanken, was es bedeutet, in Beziehung mit Gott zu leben. Gemeinsam überlegen Sie, wie sich das auf Ihr eigenes Leben und Ihr Leben als Familie positiv auswirken kann. Natürlich können Sie hier auch offen auf Fragen und Zweifel im Blick auf Glauben und Kirche eingehen.

Die Eltern sagen es ihrem Kind weiter – Familiengespräch

Der zentrale Kern der Familienkatechese ist das Gespräch zu Hause in der Familie – das Familiengespräch. Durch dieses Gespräch bereiten Sie Ihr Kind wesentlich auf den ersten Empfang der Kommunion vor. Wer Jesus war, was seine Botschaft für uns heute ist, was Brot und Wein beim Mahl der Kommunion bedeuten, das soll Ihr Kind in erster Linie von Ihnen erfahren. Sie begleiten Ihr Kind hin zur Begegnung mit Jesus in der Eucharistie-Feier. Als Eltern sind Sie für Ihr Kind die wichtigsten Zeugen und Vermittler der Botschaft Jesu. Sie, die Eltern, nehmen den ersten Platz in der religiösen Erziehung Ihrer Kinder ein. Religiöse Erziehung ist das große Vor-Recht der Eltern, Gabe, aber auch eine Aufgabe – bei der Sie auf vielfache Weise von Ihrer (Kirchen-)Gemeinde unterstützt werden.

Die Kinder vertiefen ihre Erfahrungen – Kindergruppe

Die Kommunionkinder treffen sich regelmäßig in einer überschaubaren Kindergruppe. Der Rhythmus kann in jeder Gemeinde anders sein. Die Kindergruppe ist geprägt vom Charakter des Feierns, Spielens und Austauschens in der Altersgruppe. Die Kinder können dort die Themen, die ihnen die Eltern zu Hause vermittelt haben, vertiefen. Eine Vertiefung kann sinnvollerweise nur dort geschehen, wo zu Hause im Familiengespräch schon ein Anfang gemacht wurde.

Jede Gruppe wird begleitet

Keine Gemeinschaft der Familienkatechese ist auf sich selbst gestellt, sondern jede Gruppe wird begleitet. Mit seinen Erfahrungen ist somit niemand sich selbst überlassen. Als Eltern begleiten Sie Ihr Kind, und in der Elterngruppe werden Sie selbst begleitet. Diese Begleitung ist keine Einbahnstraße, sondern ein wechselseitiger Prozess. Ihr Kind begleitet auch Sie: Seine Ansichten, Fragen und Einsichten eröffnen Ihnen oftmals einen neuen Blick für Ihren eigenen Glaubens- und Lebensweg. Grundgedanke dieser Begleitung ist: Wir helfen einander, unseren Glauben besser zu verstehen, und überlegen gemeinsam, wie wir ihn im Alltag leben können. Die Begleiter einer Gruppe sind wichtig, um Impulse zu geben, Gespräche anzuregen und zu moderieren. Das katechetische Leitungsteam trifft sich ebenfalls regelmäßig, um den gesamten Vorbereitungsprozess zu begleiten und die Gruppenbegleiterinnen und Gruppenbegleiter zu befähigen.

Warum das Ganze?

Kommunionkatechese will Eltern und Kindern einen Zugang zur Kommunion eröffnen. Kommunion meint sowohl die Gemeinschaft mit Jesus Christus als auch Gemeinschaft mit der Gemeinde. Die Intensivierung der Kommunion und der Kommunikation in der Familie durch den Weg der Familienkatechese betrifft also nicht etwas Zweitrangiges oder Beliebiges, sondern sie trifft ins Zentrum des religiösen Lebens. Die zwischenmenschliche Erfahrung ist gleichsam die Voraussetzung dafür, Jesus und seine Botschaft vom Reich Gottes verstehen zu können. Daher sind Sie als aktive Wegbegleiter Ihres Kindes durch niemanden zu ersetzen. Der Kommunionweg ermöglicht Ihnen die Erfahrung: Gemeinde lebt auch von mir.

Die Gespräche bei den Elterntreffen können ein Anfang für neue Gemeinschaft, neue Beziehungen sein. So wachsen nicht nur der persönliche Glaube, die individuelle Sicht des Lebens, sondern es wächst auch die Gemeinschaft im christlichen Glauben. Wenn Sie und Ihre Kinder sich in den Gruppen treffen, dann entsteht Gemeinschaft unter Christen. Die Familien wachsen stärker als bisher zusammen zur Gemeinschaft der Gemeinde. Deshalb ist es auch sinnvoll und wünschenswert, wenn Sie sich als Familie über die Kommunionvorbereitung hinaus in der Gemeinde beheimatet fühlen. Der Kommunionweg als Familienkatechese möchte Sie ermutigen, Ihren Ort in der Gemeinschaft der Glaubenden (neu) zu finden.

Zum Umgang mit diesem Buch

Die wichtigste Gemeinschaft der Familienkatechese ist Ihre Familie – und zwar so, wie sie jetzt konkret ist. Mit all Ihren Freuden und Sorgen, Ängsten und Nöten. In der Einladung, Ihr Kind selbst auf das Sakrament der Eucharistie vorzubereiten, will Ihnen dieses Familienbuch ein Leitfaden sein. Nicht nur für das Gespräch mit Ihrem Kind zu Hause beinhaltet das Familienbuch wichtige Impulse, auch für die Treffen der Eltern und Kinder untereinander ist es Ihr Begleiter: in der Elterngruppe, um sich konkret auf die Familiengespräche mit Ihrem Kind vorzubereiten, und in der Kindergruppe, um an bereits besprochene Inhalte anzuknüpfen. Das Familienbuch gliedert sich in fünf große Themenbereiche:

Diese Themenbereiche bilden einen inhaltlichen Rahmen, der die grundlegenden Anliegen und Inhalte des Kommunionwegs und darüber hinaus erschließt. Am Beginn jedes Themenbereichs finden Sie eine inhaltliche Einführung, die sich an Sie, die Eltern, richtet und Ihnen die folgenden vier Bausteine zum Familiengespräch erschließt.

Den Abschluss jedes Themenbereichs bildet die fortlaufende Geschichte von Paula, Gülcin, Sven und Matteo, die sich auf einer ereignisreichen Kinderfreizeit begegnen. Dabei erfahren sie voneinander einiges über Gemeinsamkeiten und Unterschiede verschiedener Glaubenswege. Religiöse Vielfalt gehört zum Alltagsleben in einer offenen Gesellschaft. Ein friedvolles, verständnisvolles Miteinander gelingt nur im Dialog und der Begegnung.

Jeder Baustein zum Familiengespräch umfasst zwei Doppelseiten: Die erste Doppelseite widmet sich dem Familiengespräch und will Ihnen helfen, sich gegenseitig im gemeinsamer Gespräch das jeweilige Thema zu erschließen. Die zweite Doppelseite will in erster Linie Ihr Kind ermuntern, sich mit den Inhalten des Familiengesprächs noch weiter zu beschäftigen. Ihr Kind soll hier die Möglichkeit haben, in „seinem" Buch kreativ zu sein – manchmal alleine, ein anderes Mal mit Ihnen zusammen. Am Ende jedes Bausteins finden Sie eine kurze inhaltliche Zusammenfassung. Dadurch haben Sie stets Sicherheit, welcher inhaltliche Kern für den Kommunionweg jetzt besonders wichtig ist.

Je nach Thema haben die Bausteine zum Familiengespräch unterschiedliche Anliegen. Bei vielen Bausteinen geht es darum, einen Gesprächsraum zwischen Ihnen und Ihrem Kind über Leben und Glauben zu schaffen. Bei anderen steht stärker die Erschließung konkreter Inhalte, z B. zum Verständnis der Eucharistie, im Vordergrund.

Das vorliegende Buch enthält 20 Bausteine. Ihr katechetisches Leitungsteam trifft vielleicht eine Auswahl aus diesen Bausteinen. Bei den Elterntreffen erfahren Sie, wie Ihre Gemeinde die Abfolge plant. Die Bausteine zum Familiengespräch, die im konkreten Kommunionweg Ihrer Gemeinde nicht vorkommen, können Sie im Gespräch mit Ihrem Kind auch selbstständig einbinden; sei es während des Kommunionweges oder danach – als Anregung, um zusammen mit Ihrem Kind die Beziehung zu Gott möglichst lebendig und intensiv zu vertiefen.

Einführung

Wie gliedern sich die Bausteine zum Familiengespräch?

Die Bausteine zum Familiengespräch bestehen aus wiederkehrenden Elementen. Diese können Sie anhand der folgenden Zeichen rasch erkennen:

Text
Geschichten und Kurztexte

Impulsfrage(n)
Anregungen zum Gespräch

Kreative Anregung
Spiele, Bastelanregung

Bibeltext und -zitat
Texte aus dem Alten und dem Neuen Testament

Gebet
Gebete

Lied
Lieder (zur näheren Erläuterung s. Seite 17)

Handlung
Anregungen zur praktischen Auseinandersetzung
mit dem Thema für Eltern und Kinder

Hinweise zu einigen Elementen

Wenn Sie dieses Buch zu Beginn des Kommunionweges einmal in Ruhe durchblättern, werden Sie merken, dass sich der Aufbau der Bausteine zum Familiengespräch in ähnlicher Weise wiederholt und so den Umgang mit diesem Buch erleichtert.

Impulsfrage(n)

Das Gespräch in der Familie ist der wesentliche Kern der Familienkatechese. Es ist nicht möglich, Kindern die Beziehung zu Gott zu erschließen, ohne mit ihnen über und zu Gott zu sprechen. Geschichten, Bilder, Liedtexte können interessant und spannend sein und sprechen manchmal aus sich selbst. Wenn Sie diese aber zu Ihrem gemeinsamen Gesprächsthema machen, können Sie für sich und Ihre Kinder deren tieferen Sinn gemeinsam verstehen. Die Impulsfragen wollen Ihnen helfen, zum jeweiligen Thema miteinander ins Gespräch zu kommen. Dazu sind sie Unterstützung und Anregung. Gemeinsam können Sie versuchen, auf Ihre Fragen und die Ihres Kindes Antworten zu finden!

Gebet

Beten ist eine besonders intensive Art, die Beziehung mit Gott auszudrücken. Kinder lernen beten, indem sie beten. Daher ist es wichtig, immer wieder das Thema des Familiengesprächs auch im Gebet zu vertiefen. Es gibt unterschiedliche Möglichkeiten, um gemeinsam zu beten – zum Beginn eines neuen Tages, vor den Mahlzeiten, beim Zu-Bett-Gehen. Miteinander zu Gott beten, ist einer der grundlegenden Wege religiösen Lebens in der Familie. Dabei können vorformulierte Gebete genauso hilfreich sein wie das freie Sprechen zu Gott. Die Gebetsvorschläge in einigen Bausteinen zum Familiengespräch wollen Sie anregen, das Gebet zu einem Bestandteil Ihres Familienlebens zu machen.

Einführung

Handlung

Wann und wo auch immer Sie mit Ihrem Kind das Familienbuch zur Hand nehmen und das Familiengespräch stattfindet: Vielleicht gelingt es Ihnen, nicht bei dieser einen Situation in der Woche stehen zu bleiben. In jeder Variante eines Bausteins zum Familiengespräch finden Sie Anstöße, um das jeweilige Thema über das eine Gespräch hinaus in Ihrer Familie gegenwärtig zu halten. Die Handlungsanregung führt die Beschäftigung mit dem Thema auf schöpferische Weise fort; gemeinsam mit Ihrem Kind können Sie dieses oder jenes unternehmen und gestalten.

Kernaussage

Jeweils am Ende eines Bausteins zum Familiengespräch finden Sie in einer kurzen Zusammenfassung den inhaltlichen Kern des Themas. Diese Zusammenfassung ist auch der Anknüpfungspunkt für die Gestaltung der Kindertreffen.

Mit Paula auf Entdeckungstour

Damit Sie und Ihr Kommunionkind die Feier der Eucharistie gut verstehen können, ist der Erklärung zum Aufbau dieser zentralen Feier unseres Glaubens und zum Sinngehalt der einzelnen Elemente ein eigenes Kapitel (Seite 132–159) gewidmet. Dieses Kapitel unterscheidet sich von den übrigen 20 Bausteinen: Ein Kommunionkind erzählt in der Ich-Form, wie es mit Paula – das ist eine gute Freundin, die schon Bescheid weiß – diese Feier verstehen lernt. Paula erklärt, was in der Eucharistie-Feier warum und weshalb geschieht.

Dieses erzählende Kommunionkind hat keinen Namen; dadurch kann sich Ihr Kind gut mit ihm identifizieren.

Der Text ist durch viele Lieder bereichert, welche zu den jeweiligen Elementen der Eucharistie-Feier bestens passen. Diese können auch eine Fundgrube für Sie zur Gestaltung des Erstkommuniongottesdienstes in Ihrer Gemeinde sein. Die Lieder aus Paulas Erzählung sind auf der beiliegenden CD zu hören.

Beten und Feiern

Während des Kommunionweges feiern Sie in der Gemeinde zentrale Feste des christlichen Glaubens: Advent, Weihnachten, Gründonnerstag, Karfreitag, Ostern, Pfingsten usw. Diese Feste während der gemeinsamen Vorbereitung auf die Kommunion Ihres Kindes zu feiern, kann und darf anders sein als bisher gewohnt. Im Kapitel „Als Familie die Feste im Jahreskreis neu verstehen" finden Sie Anregungen, die Ihnen die innere Bedeutung dieser Feste neu erschließen wollen (Seite 166–175). Wer sich intensiv auf die Entdeckung der Beziehung zu Gott einlässt, für den bekommen die zentralen Feste des Christentums einen anderen, tieferen Sinn. Sie werden möglicherweise andere Fragen haben als bisher, werden sich andere Gedanken machen. Sie werden vielleicht auch neu überlegen, wie Sie diese Feste in der Familie feiern können.

Einige der christlichen Grundgebete kommen in den einzelnen Bausteinen zum Familiengespräch in kindgerechter Sprache und gekürzt vor. Diese Gebete in ihrer vollen Länge und in der Fassung, wie sie im Gemeindegottesdienst gebetet werden, finden Sie am Ende dieses Buches ab Seite 176.

Einführung

Aufbrechen zum Neuen,
das ich noch nicht verstehen kann.

Sich hineinziehen lassen
in das Geheimnis Gottes.

Gott entgegenzweifeln.

Gott entgegenhoffen.

Gott und dem Leben trauen.

Was uns wichtig ist

Liebe Eltern,

Sie haben Ihre eigene Art und Weise, wie Sie Ihre Kinder erziehen und dadurch ins Leben begleiten. Wie Sie mit Ihren Kindern in Ihrer Familie leben, wie Sie mit den Kindern spielen, sich Zeit nehmen für sie oder nicht, wie Sie mit Ihren Kindern streiten und sich wieder versöhnen, das macht für Sie und für Ihre Kinder Lebensqualität aus.

Familienkatechese wählt den Alltag als Ansatzpunkt, um auf die Begegnung mit Jesus in der Eucharistie vorzubereiten. Die Beziehung mit Jesus Christus ist nicht nur eine Beziehung für den Sonntag, sondern sie will uns im Alltag Sinn und Hoffnung geben. Dabei merkt Ihr Kind, ob und wie Sie als Vater oder Mutter mit ihm das gemeinsame Leben in Ihrer Familie mit all seinen Licht- und Schattenseiten zusammen anschauen und nach Wegen der Veränderung suchen. Es ist hilfreich, genau hinzusehen und nichts zu beschönigen, sondern von der Situation auszugehen, so wie sie ist – von den erfreulichen Erfahrungen genauso wie von den Belastungen. Die einzelnen Bausteine, die Sie dabei unterstützen wollen, sind so angelegt, dass Ihr alltägliches Leben zur Sprache kommen kann.

Wenn Sie Ihre alltäglichen Erfahrungen genau ansehen, können Sie Ihr Leben daraufhin beurteilen, ob und wie Sie es verändern können. Jede Familie spürt ihre Grenzen und kennt Situationen, die Eltern und Kinder gleichermaßen unzufrieden machen. Die Gespräche auf dem Kommunionweg können für Ihre Familie produktiv sein. Es geht um

eine positive Gestaltung und eine – wenn nötig – positive Veränderung des Zusammenlebens in der Familie: Wir können uns mehr Zeit füreinander nehmen oder auch nicht. Wir können anders streiten und uns versöhnen oder auch nicht. Wir können die Arbeiten im Haushalt gerecht aufteilen oder auch nicht. Wir können einander bei alltäglichen Aufgaben unterstützen oder auch nicht. Wir können mit anderen Menschen teilen oder auch nicht. Wir können ...

Über die Beziehung zu Gott und zu Jesus abgehoben zu sprechen, ist weder notwendig noch hilfreich. Bei jedem Baustein zum Familiengespräch geht es daher um die Gemeinschaft in Ihrer Familie und um den Austausch untereinander.

Dabei ist die große Verheißung Jesu wichtig: „Wo zwei oder drei in meinem Namen versammelt sind, da bin ich mitten unter ihnen" (nach Matthäus 18,20). In Familien sind oft zwei, drei oder mehr versammelt. Dies kann ein Nebeneinander und Gegeneinander sein, es kann aber auch ein Miteinander sein. Ein Miteinander, in dem Sie sich füreinander öffnen und auf die Beziehung zu Gott einlassen. Gott ist mitten unter Ihnen – an Ihrem Küchentisch, bei der Arbeit im Haushalt, abends am Bett des Kindes oder wo auch immer sich Ihre Familie dem Sinn des Lebens stellt.

Miteinander leben – Damit fängt alles an, in der Familie wie auch beim Kommunionweg. Wie auch immer es konkret aussieht: Sie sind und leben miteinander als Familie.

Der nächste Baustein greift diesen Gedanken auf und lenkt den Blick darauf, wie wir denn **Tag für Tag** leben: Wie spielt sich unser Leben ab? Wir gehen als Familie gemeinsam durch die Wochen. Im Alltag vollzieht sich unser Leben. Im Alltag findet auch unser Glaube statt. Die vielfältigen Erfahrungen und Begegnungen einer Woche haben immer auch mit Gott zu tun – so können Sie es durch die Brille des Glaubens sehen und deuten.

Wenn Sie nicht nur Ihr eigenes Leben betrachten, merken Sie, dass es nicht allen Menschen gleich geht. **Den anderen sehen** ist oft nicht einfach – weder für Kinder noch für Erwachsene, die oft auch mit materieller Ungerechtigkeit zu kämpfen haben. Zu realisieren, dass wir gemeinsam etwas für mehr Gerechtigkeit in unserem direkten Umfeld tun können, hilft uns mit der Realität unserer Gesellschaft besser umzugehen.

Sie leben mit anderen Menschen zusammen in der Familie, am Arbeitsplatz und in der Schule. Dabei machen Sie vermutlich immer wieder die Erfahrung von Streit und Konflikt. Die entscheidende Frage ist, wie wir mit unseren Konflikten umgehen und wie wir ein friedliches Miteinander schaffen können: **Wir streiten und versöhnen uns.** Wenn dem Streit Versöhnung folgen kann, gewinnt das Leben.

Einführung

Miteinander leben

Wir

In der Schule sitzt du neben mir,
den Schulweg geh ich gern mit dir.
Am Nachmittag da spielen wir:
Fußball, Verstecken und Klavier.

Wir machen zusammen unglaubliche Sachen,
wir haben Spaß und können viel lachen.

Manchmal gehört Streit aber auch dazu.
Du sagst zu mir: „Affe", und ich: „Blöde Kuh"!
Und dann ist mal eine Weile Ruh.

Wir können fürchterlich streiten
und uns trotzdem gut versteh'n,
weil wir nach einem üblen Streit
nie unversöhnt auseinandergeh'n.

Wir reichen uns dann die Hände
und schau'n einander wieder an.
Der Streit hat nun ein Ende,
die Freundschaft ist jetzt wieder dran!

Jetzt können wir auch wieder lachen,
erzählen und verrückte Dinge machen,
können toben, rennen, spielen und singen
und Sachen tun, die uns Freude bringen.

Ich bin froh, dein Freund zu sein,
denn sonst wäre ich allein!
Ich bin froh, dass du meine Freundin bist,
weil's so das Allerbeste ist!

Unser Zusammenleben gelingt manchmal,
aber oft müssen wir uns über die anderen auch
schrecklich ärgern …

* Was gefällt euch an eurer Familie besonders gut? Was stört euch am meisten?

* Geht es euch in eurer Familie manchmal so ähnlich?

* Wie war es heute bei euch? Was war schön, was mögt ihr an einem Tag wie heute nicht?

Baustein 1

Wie ich über dich denke

 In diesem Spiel könnt ihr zusammen herausfinden, was ihr in der Familie und aneinander toll findet. Es kann aber auch zeigen, was euch nicht so gut gefällt. Jede/r benötigt einen Stift und mehrere kleine Zettel, für jede/n Mitspieler/in einen. Wenn also vier Personen an diesem Spiel teilnehmen, muss jeder Spieler drei Zettel nehmen. Auf den ersten Zettel schreibt jeder für sich, was an einem Mitspieler ganz besonders toll ist und was einem nicht so gut gefällt. Auf den zweiten Zettel wird nun über das nächste Familienmitglied geschrieben: „Was ich toll finde an dir" und „Was mir nicht gefällt an dir". Das wird nun reihum mit jedem Mitspieler wiederholt. Lest euch anschließend die Zettel gegenseitig vor und redet darüber.

Vieles in eurem Alltag könnt ihr gemeinsam gestalten. Malt oder klebt hier ein Bild von eurer Familie ein (wer gehört alles dazu?) und schreibt gemeinsam rundherum: Damit wir uns in unserer Familie wohlfühlen, wünsche ich mir ...

... als Kind:

... als Vater oder Mutter:

„Wo zwei oder drei in meinem Namen zusammen sind, da bin ich selbst in ihrer Mitte."

Nach Matthäus 18,20

Gemeinschaft erleben

Gemeinschaft erleben wir ganz besonders mit unseren Freunden. Freunde zu haben ist toll, weil ... ja, warum eigentlich?

* Wie soll eine gute Freundin oder ein guter Freund sein?
* Wie fühlt ihr euch nach einem Streit mit euren besten Freundinnen oder Freunden? Was ist für eine Freundschaft wichtig?

Bringt die Buchstaben in die richtige Reihenfolge! Welche Worte findet ihr?

Welche anderen wichtigen Eigenschaften für eine gute Freundschaft fallen euch noch ein?

Unsere Freundschaft zu jemandem drücken wir manchmal durch ein Geschenk aus. Bastle für deine beste Freundin oder deinen besten Freund ein kleines Geschenk: Flechte ein Freundschaftsbändchen, bastle eine Schatztruhe oder ...
Worüber wird sich deine beste Freundin oder dein bester Freund freuen?

Meine Seite

Meine Seite

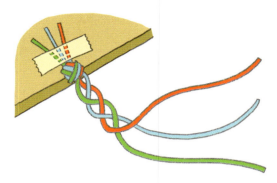

Schatzkiste bauen

Du brauchst dazu festen (Ton-)Karton in deiner Lieblingsfarbe. Male auf den Karton diese Vorlage mit Lineal und Bleistift und schneide sie dann aus. Klebe anschließend deine Schatzkiste zusammen. Du kannst sie jetzt noch schmücken und verzieren, z.B. mit Bildern, mit getrockneten Blüten/Blättern usw. Jetzt kannst du einen kleinen Schatz hineinlegen (z.B. einen schönen Stein, einen kleinen Brief oder ...) und die Schatzkiste verschenken.

Freundschaftsbändchen

Du brauchst dazu Wolle oder Baumwollgarn, am besten in drei verschiedenen Farben. Schneide von jeder Farbe einen etwa 40 Zentimeter langen Faden ab. Knote die Fäden an einem Ende zusammen. Dann befestige dieses Ende mit einem Klebestreifen an der Tischplatte, damit es nicht wegrutscht. Beim Flechten wird immer abwechselnd von links und rechts der außen liegende Faden in die Mitte genommen. Achte darauf, dass du gleichmäßig fest flechtest, dann wird das Muster am schönsten sichtbar.

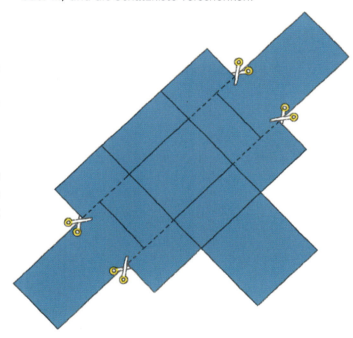

Wir leben mit vielen Menschen zusammen – mit unseren Eltern, vielleicht mit unseren Geschwistern, mit Freundinnen und Freunden, mit Verwandten und Bekannten. Ohne Gemeinschaft mit anderen Menschen ist Leben nicht möglich. Gemeinschaft mit anderen Menschen lässt uns spüren, dass wir nicht alleine sind und dass wir geliebt werden.

Tag für Tag

Alltag

 Wecker klingelt, aufstehen, waschen, Haare kämmen, Frühstück, Zähne putzen, aufräumen, in die Schule gehen, zur Arbeit gehen, Hausaufgaben, spielen, Abendessen, fernsehen, waschen, Zähne putzen, schlafen, Wecker klingelt, aufstehen, waschen …

Unser Leben ist in vielem immer wieder Dasselbe und das Gleiche. Das ist gut so, weil wir damit einen festen Halt haben. Gemeinsame Fixpunkte im Alltag können uns im Auf und Ab des Lebens Halt geben. Langweilig kann es werden, wenn wir unser Leben einfach nur so vor uns hinleben. Wir können gemeinsam etwas an unserem Alltag ändern und uns überlegen, wofür wir uns viel Zeit nehmen und wie wir mehr Zeit für Gespräche und gemeinsamen Spaß in der Familie haben können. Vielleicht hilft es auch, wenn wir gemeinsam herausbekommen, wie viel Zeit wir alleine vor dem Fernseher oder dem Computer verbringen: Zeit, die uns für gemeinsame Spiele und Unternehmungen fehlt.

 Wie sehen eure Wochentage aus? Was tut ihr an den einzelnen Tagen der Woche? Auf der nächsten Doppelseite kannst du deinen Wochenplan aufschreiben. Nehmt Papier und Stifte, dann kann jede/r für sich den eigenen Wochenplan aufschreiben.

Vergleicht gemeinsam eure Wochenpläne und überlegt:

* Worauf freut ihr euch in der Woche am meisten?
* Was macht euch Spaß? Was macht ihr nicht so gerne?
* Wann ist eure beste Zeit, um miteinander zu sprechen, um miteinander zu beten, zu singen, Gott zu danken oder ihm euer Leid zu klagen?
* Wofür hättet ihr gerne mehr Zeit?

Baustein 2

Herr, in deinen guten Händen

Text und Melodie: Barbara Berger

Ref.: Herr, in deiner guten Händen hältst du fest mein Leben,
du willst Kraft und Zuversicht für den Weg mir geben.

1. Viele Menschen leben ja auf deiner großen Welt, doch du kennst uns alle, jeder von uns zählt!
2. Du lädst alle zu dir ein, ob groß oder auch klein, alle dürfen kommen, keiner bleibt allein!
3. Zusammen sind wir besser dran, gemeinsam geht's uns gut. Gemeinschaft ist fantastisch und Freunde machen Mut!

„Zwei sind allemal besser dran als einer allein. Wenn zwei zusammenarbeiten, bringen sie es eher zu etwas. Wenn zwei unterwegs sind und hinfallen, dann helfen sie einander wieder auf die Beine. Aber wer allein geht und hinfällt, ist übel dran, weil niemand ihm helfen kann."

Nach Kohelet 4,9-10

Nehmt noch einmal eure Wochenpläne und einen Buntstift mit eurer Lieblingsfarbe zur Hand. Markiert mit dem Stift die Zeiten in der Woche, die ihr für eure Lieblingsbeschäftigungen und Hobbys habt. Ihr könnt auch alle zusammen den Zeitraum im Wochenplan markieren, den ihr für euch gemeinsam reserviert, um miteinander zu …

	vormittags	nachmittags	abends
Mon-tag			
Diens-tag			
Mitt-woch			
Donners-tag			
Frei-tag			
Sams-tag			
Sonn-tag			

Meine Seite

Meine Seite

Du bist bei mir

Wenn ich keine Lust habe, meinen Tag zu beginnen: Du bist bei mir.
Wenn mir in der Schule vieles schwerfällt: Du bist bei mir.

Wenn ich großen Kummer habe: Du bist bei mir.
Wenn mir wieder einmal keiner zuhört: Du bist bei mir.

Wenn ich gar nicht mehr weiterweiß: Du bist bei mir.
Was auch kommen mag, heute und jeden Tag: Du bist bei mir.
Wenn mal wieder keiner Zeit für mich hat: Du bist bei mir.

Jeden Tag können wir als Geschenk Gottes verstehen.
Jeder Tag ist wie eine neue Chance, um unser Leben froh
und zufrieden zu leben. Auch wenn wir uns oft keine Zeit nehmen,
im Alltag an Gott zu denken, er hat immer für uns Zeit.
Wir sind bei Gott immer erwünscht.

Den anderen sehen

Gut und gerecht

 Fünfte Stunde: Sport! Heute wird Fußball gespielt. Paul und Leon sind die beiden Kapitäne und wählen abwechselnd die anderen Jungs aus der Klasse in ihre Mannschaften. Doch da gibt es zwei, Jan und Tobi, die möchten sie nicht in ihrer Mannschaft haben. Die beiden sind einfach zu langsam und spielen nicht so gut wie die anderen Jungs. Schnell sind die Mannschaften komplett. Aber Jan und Tobi stehen immer noch am Rand und sind traurig. Keiner will sie bei sich haben. Zum Schluss werden sie doch noch gewählt – als allerletzte. Freuen können sie sich darüber nicht und trotten beide traurig und schlecht gelaunt auf das Spielfeld.

* Woran merkst du, dass du ungerecht behandelt wirst?

* Stell dir vor, dass so etwas in deiner Klasse vorkommt. Was könntest du tun, damit am Ende keiner so traurig ist wie Jan und Tobi?

Paul kommt nach Hause. Er ist glücklich, weil seine Mannschaft beim Fußballspiel 5:1 gewonnen hat. Er hat drei Tore geschossen. Sogar Jan und Tobi haben diesmal getroffen. Aber Paul kann den Sieg seiner Mannschaft gar nicht richtig genießen, denn eine große Sorge bedrückt ihn. In zwei Wochen fährt die ganze Klasse für drei Tage zu einem Ausflug in die Berge. Das wird bestimmt total lustig.

Doch Paul wird als Einziger nicht mitfahren können. Seine Familie hat leider nicht genügend Geld, um den Ausflug bezahlen zu können. Pauls Mutter hat keine Arbeit, und sein Vater ist sehr krank. Seine Eltern und er müssen deshalb mit viel weniger Geld auskommen als die anderen Familien. Das macht Paul sehr traurig, weil er doch so gerne mit seinen Schulfreunden gemeinsam wegfahren möchte.

* Kennt ihr noch andere Geschichten oder Situationen, in denen es Ungerechtigkeiten gibt, für welche die Betroffenen gar nichts können?

* Was könnte die Klasse von Paul tun, damit er mitfahren kann?

40

Baustein 3

„Was ihr für einen meiner geringsten Brüder oder für eine meiner geringsten Schwestern getan habt, das habt ihr für mich getan."

Matthäus 25,40

Wenn Jesus Christus in seiner Herrlichkeit wiederkommt, dann wird er zu den Menschen, die nach seinem Willen gehandelt haben, sagen: „Kommt her! Euch hat mein Vater gesegnet. Nehmt Gottes neue Welt in Besitz, die er euch von allem Anfang an zugedacht hat. Denn ich war hungrig, und ihr habt mir zu essen gegeben; ich war durstig, und ihr habt mir zu trinken gegeben; ich war fremd, und ihr habt mich bei euch aufgenommen; ich war nackt, und ihr habt mir etwas anzuziehen gegeben; ich war krank, und ihr habt mich versorgt; ich war im Gefängnis, und ihr habt mich besucht. Was ihr für einen meiner geringsten Brüder oder für eine meiner geringsten Schwestern getan habt, das habt ihr für mich getan."

Nach Matthäus 25,31-40

* Woran merkst du, dass du fair und gerecht behandelt wirst?

Schreib in die Puzzleteile, was du in der kommenden Zeit dazu beitragen möchtest, um gut und gerecht mit anderen zusammenzuleben.

Meine Seite

Nach deinem Ebenbild

Text und Melodie: Barbara Berger

Ref.: Nach deinem Ebenbild hast du uns erschaffen, oh Gott, wir sind so wunderbar von dir erdacht, wir können viele schöne Dinge machen und Gutes für andre Menschen tun.

1. Unsre Augen können sehen Gottes Schöpfung, unsre schöne Welt. Und wir können die Augen öffnen und andren helfen, wie es Gott gefällt.
2. Unsre Ohren können hören Gottes Wort, das er uns sagt. Und wir können die Ohren öffnen für die Sorgen, die uns ein Mitmensch klagt.
3. Unsre Hände können helfen, können trösten und lindern manche Not. Und wir können mit unsren Händen teilen unser täglich Brot.
4. Unsre Stimme kann Gott loben, kann ihm danken, dass er uns Leben gab. Und wir können andren Menschen von Gott erzählen, heut und jeden Tag.

> Wir können selbst sehr viel für Gerechtigkeit in unserem Alltag tun. Wo immer wir unsere Mitmenschen so behandeln, wie wir selbst behandelt werden wollen, tun wir etwas Gutes. Ungerechtigkeit widerspricht nach der Bibel dem Willen Gottes. Jesus hat uns vorgelebt, wie wir uns gegenüber Armen und Kranken verhalten können, damit es ihnen wieder besser geht.

Wir streiten und versöhnen uns

Streiten – aber wie?

Es ist Essenszeit. Heute haben sich die Eltern von Sabine und Thomas besonders viel Mühe gegeben. Mutter hat den Tisch schön gedeckt, und Vater hat ein Essen gekocht, von dem er hofft, dass es alle mögen. Sie freuen sich auf das gemeinsame Essen mit der ganzen Familie. Unter der Woche können sie nicht immer alle so gemütlich beieinandersitzen. Das Essen ist fertig, und die beiden rufen ihre Kinder.

Da kommen Sabine und Thomas auch schon hereingepoltert. Gerade hat es ziemlich gekracht zwischen den beiden, das sehen die Eltern auf den ersten Blick. Sabine hat sich von Thomas eine CD geliehen und sie völlig zerkratzt.

Thomas schreit: „Du blöde Gans, hau bloß ab, ich will dich nicht mehr sehen!" Sabine ist schon beleidigt und schreit zurück: „Meinst du vielleicht, dass ich mich mit dir an einen Tisch setze, du ... Ich esse lieber in der Küche!" Laut heulend rennt sie aus dem Zimmer. Die Eltern schauen sich an. Sich einmischen hat keinen Sinn mehr. Traurig schauen sie auf den schön gedeckten Tisch. Die Kinder wollen nicht miteinander essen; auch Thomas ist in sein Zimmer gerannt, wo ihn die Eltern laut schimpfen hören.

* Um was ging es in eurem letzten Streit?
* Wie streitet ihr miteinander?
* Wie versucht ihr, eure Streitereien zu lösen?

Gott, überall dort, wo Menschen miteinander reden, gibt es auch Meinungsverschiedenheiten und Streit.
Solche Auseinandersetzungen lassen sich nicht vermeiden, sonst müssten alle Menschen die gleiche Meinung haben.
Gib uns die Kraft, für unsere Meinung einzustehen.
Lass uns aber fair miteinander streiten.
Gott, hilf uns, die anderen so zu nehmen, wie sie sind.
Hilf uns, sie ernst zu nehmen und ihnen zuzuhören.
Lass uns andere nicht verletzen.

Amen

Baustein 4

 Nach einem schlimmen Streit haben wir verschiedene Gefühle in uns. In diesem Rätsel werden solche Gefühle gesucht. Wenn ihr sie alle erratet und sie in die waagrechten Kästchen schreibt, erscheint als Lösungswort der erste Schritt zur Versöhnung.

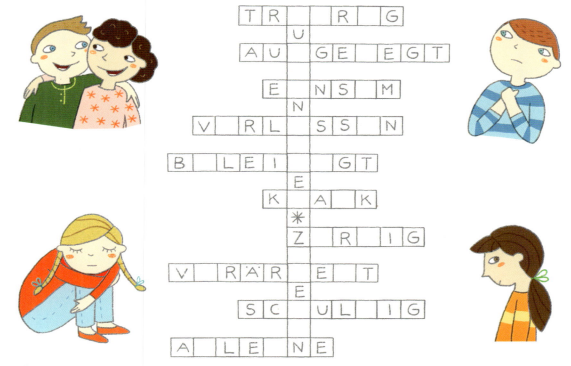

 Mit wem habt ihr in letzter Zeit gestritten? Wie könnt ihr versuchen, in den nächsten Tagen auf sie oder ihn zuzugehen? Wie könnt ihr zeigen, dass ihr euch wieder vertragen wollt?

„Wenn dir einfällt, dass du mit jemandem
zerstritten bist, dann gehe zu ihm hin und versöhne dich."

Nach Matthäus 5,23-24

Manchmal gibt es Streit zwischen uns. Wir beschimpfen uns oder gehen sogar gewalttätig aufeinander los. Überlegt gemeinsam:

* Wie fangen eure Streitereien meistens an?
* Wie geht ihr beim Streiten miteinander um?
* Ist der Streit nötig?
* Wie schafft ihr es, euch wieder zu versöhnen?
* Wie lassen sich Konflikte am besten lösen?

Meine Seite

Meine Seite

Versöhnung

Friede und Versöhnung sind ein Wunsch Gottes für alle Menschen. Friede ist möglich, wenn wir nicht auf Kosten anderer leben. Es gibt Situationen, in denen es nötig ist, miteinander zu streiten. Wichtig dabei ist, dass wir fair bleiben und versuchen, auch den anderen zu verstehen. Jesus will, dass wir uns versöhnen und Frieden suchen, wenn es Streit gibt. Frieden können wir nur gemeinsam schaffen.

Unterwegs ...

8.50 Uhr. Der Bus steht schon da. Gleich soll es losgehen. Paula ist eine der Ersten auf dem Kirchplatz. Ihre Mutter musste wie jeden Morgen schon früh zur Arbeit, ihr kleiner Bruder war schon im Kinderhort. Und Papa? Papa ist in diesem Jahr zum ersten Mal mit seiner neuen Familie in den Urlaub gefahren. So ein Mist. Wo bleibt nur Anna? Anna ist Paulas beste Freundin. Sie hatten sich zusammen zur Kinderfreizeit der Kirchengemeinde angemeldet, aber jetzt kommt sie nicht. Da hinten steht Matteo mit seiner ganzen Familie. Matteos Eltern kommen aus Italien, er hat drei ältere Geschwister. Bei denen ist immer was los. Die ganze Familie ist mitgekommen, und alle haben ihn zum Abschied geküsst und umarmt. Jetzt legt seine Mutter ihm die Hand auf die Stirn und spricht etwas, wahrscheinlich ein Segensgebet. Matteo war mit Paula in der Kommuniongruppe und singt jetzt auch im Kinderchor. Da macht er viel Quatsch. Aber in der Kirche nimmt er alles sehr ernst. Wo bleibt nur Anna? Nachher kriegen wir keinen Platz mehr nebeneinander! Immer mehr Kinder steigen ein. Wer klopft denn da an der Fensterscheibe und winkt mit einem Handy? Ach, das ist Sven. Svens Mutter hat immer die feinsten Kleider an. Sein Papa verdient ganz viel Geld. Aber er hat leider nie Zeit für Sven. Dafür hat Sven immer die neuesten Sachen. Sven ist klug, aber die meisten mögen ihn nicht, weil er immer so cool tut. Sein einziger Freund ist Matteo, bestimmt hält Sven ihm im Bus einen Platz frei. Paula ist ärgerlich. Na endlich, da kommt das Auto von Annas Eltern. Ihr Vater steigt aus, er sieht ganz betrübt aus. Er geht zuerst zum Freizeitleiter und kommt dann auf Paula zu. Anna kann nicht mitkommen – sie hat sich gestern Abend den Arm gebrochen und musste im Krankenhaus operiert werden. Paula würde am liebsten losheulen und nach Hause gehen. Sie hat sich so auf Anna gefreut. Jetzt kennt sie ja fast niemanden mehr von der Reisegruppe. Nur Sven und Matteo sind aus ihrer Klasse. Aber das sind ja Jungs. Kathrin kommt auf sie zu. Kathrin ist schon 17 und Oberministrantin. Sie begleitet die Kindergruppenstunden auf dem Kommunionweg und ist echt nett. Kathrin bittet Paula, einzusteigen – der Bus fährt gleich ab. Und neben wem soll sie jetzt sitzen? Widerwillig steigt Paula in den Bus ein. Dahinten ist noch ein Platz neben einem Mädchen frei. Aber das ist ja Gülçin. Gülçin aus ihrer Parallelklasse. Paula ist total überrascht. Was macht denn Gülçin auf einer kirchlichen Ferienfreizeit? Die ist doch Türkin und geht nicht mal in den Religionsunterricht.

Paula: „Hallo."
Gülçin: „Hallo."
Paula: „Ist hier noch frei?"
Gülçin: „Ja klar. Du bist doch die Paula aus der Parallelklasse? Ich heiße Gülçin. Da bin ich aber froh, dass ich hier noch jemanden kenne."
Paula: „Ich bin auch froh. Ich wusste gar nicht, dass du auch mitfährst."
Gülçin: „Mein Papa hat mich vor zwei Tagen erst hier angemeldet. Er musste ganz dringend auf eine wichtige Geschäftsreise nach Amerika. Meine Mutter liegt im Krankenhaus, und meine Verwandten sind schon in die Türkei gefahren."
Paula: „Du bist aber mutig."
Gülçin: „Magst du was Süßes? Ich habe selbstgemachtes Halva dabei."

Paula: „Danke – das schmeckt ja prima! Möchtest du ein Wurstbrot?"

Gülçin: „Vielen Dank, lieber nicht. Wir Muslime essen doch kein Schweinefleisch."

Paula: „Ach so, entschuldige, das habe ich ganz vergessen. Warum eigentlich nicht?"

Gülçin: „Allah (Gott) will das nicht. Schweinefleisch ist unrein. So steht es im Koran geschrieben. Der Koran ist für uns Muslime das Wort Gottes. Der Erzengel Gabriel hat ihn dem Gesandten Muhammad überbracht. Im ersten Teil eurer Bibel steht doch auch, dass die Menschen kein Schweinefleisch essen sollen. Die Juden halten sich ja auch daran – da gibt es ja noch viel mehr Reinheitsgebote."

Paula: „Das habe ich auch schon mal gehört – aber wir Christen verstehen die Bibel nicht Wort für Wort als Gebote von Gott für uns heute. Für uns ist der Glaube an Jesus Christus am wichtigsten. Jesus hat einmal gesagt: Nichts, was von außen in den Menschen hineinkommt, kann ihn unrein machen, sondern was aus dem Menschen herauskommt, macht ihn unrein. Damit meinte er wohl böse Gedanken und gemeine Taten. Magst du einen Schokoriegel?"

Gülçin: „Gerne. Danke, echt nett von dir."

Paula: „Ich finde dich auch echt nett. Hoffentlich gibt es auf der Freizeit kein Schweinefleisch zu essen."

Viele Fragen – Unser Leben gibt uns zu denken

Liebe Eltern,

Kinder wollen das Leben verstehen. Sie haben Fragen zu ihrem Leben und stellen diese meist sehr deutlich. Kinder spüren in gleichem Maße wie wir Erwachsene, dass das Leben zwar interessant, manchmal aber auch schwierig und nicht leicht zu durchschauen ist. Es ist für Sie als Eltern eine Chance, gemeinsam mit Ihren Kindern den Fragen des Lebens nachzugehen und gemeinsam nach Antworten von der guten Botschaft Jesu her zu suchen und zu finden. Im Glauben geht es um das Leben selbst. Es geht um die Höhen und Tiefen, um die geraden und krummen Abschnitte des Lebensweges. Oft stellt sich bewusst oder unbewusst die Frage: Warum und wozu lebe ich? Wo ist Gott? Wie können wir seine Nähe im Alltag erfahren? Welche Antworten gibt Gott auf die Fragen meines Lebens?

Um die großen Verheißungen für unser Leben empfangen und verstehen zu können, bedürfen wir der Antennen füreinander und für Gott. – Zunächst aber begreifen Sie sich selbst als Ich! Jede und jeder von uns ist **Einmalig und unverwechselbar.** Und gerade so können wir uns als Ebenbilder Gottes erfahren. Gott hat mich so gewollt, wie ich bin. Als Idee Gottes bin ich ein Original, einmalig, von Gott gewollt und bejaht. Mein Leben ist schon immer geborgen bei Gott. Aus seiner Hand leben wir alle. Aus seinen Händen kommt und lebt die ganze Welt, seine Schöpfung. Dieser Baustein zum Familiengespräch gibt Anregungen dafür, das Leben mit allen Sinnen wahrzunehmen, um gemeinsam in der Familie das Leben möglichst intensiv zu gestalten und zu deuten.

Erfahrungen mit dem Tod von Familienangehörigen oder von anderen lieb gewonnenen Menschen machen Kindern zu schaffen, oft mehr, als wir Erwachsene denken. Kinder beschäftigen sich mit der Grenze des Lebens: **Was ist, wenn wir sterben?** Die Frage, warum wir überhaupt leben, wenn wir ohnehin später sterben müssen, ist weder leicht vom Tisch zu fegen noch einfach zu beantworten. Die Antwort des Glaubens lautet, dass mit dem Tod nicht alles aus und vorbei ist. Der Tod ist Ende und Anfang zugleich. Wenn Krankheit und Not, Sterben und Trauer in der Familie tabu sind, ist das für viele Kinder eher eine Belastung als eine Hilfe, weil sie sich so mit ihren Problemen nicht offen beschäftigen können. Kindern in ihren Sorgen und Ängsten beizustehen, ist ein wichtiger Dienst von uns Erwachsenen.

Durch den Blick auf das Ende darf aber die Gegenwart nicht verdrängt werden. Jetzt, hier und heute, begegnen wir einander und begegnen wir Gott. Sich dem Leben zuzuwenden, sich nicht nur von ihm treiben zu lassen, sondern es zu gestalten und jeden Tag neu das Richtige zu tun, ist die große Kunst und Herausforderung. Menschen können oberflächlich oder bewusst und entschieden durch ihr Leben gehen. Als Christen entscheiden wir uns für einen Weg in der Nachfolge von Jesus Christus.

Die Vielfalt der Religionen in unserer Welt zeigt uns, dass Gott die Menschheit auf verschiedenen Wegen zu sich ruft. Der Baustein **Wege zu Gott** möchte Sie und Ihr Kind dafür sensibel machen, friedvoll, tolerant und im gegenseitigen Respekt miteinander umzugehen, ohne dabei die eigene Orientierung zu verlieren.

Zum bewussten Leben gehört es, darüber nachzudenken, wie wir – richtig oder falsch – leben und was unsere Verhaltensweisen mit anderen Menschen und mit Gott zu tun haben. Umkehren und sich wieder versöhnen können, gehört zu den ganz großen Zusagen Gottes. Es gibt die Möglichkeit, neu anzufangen, wenn es Scherben in unserem Leben gegeben hat. Es gibt Möglichkeiten der Versöhnung und des Friedens. Gott gibt uns Hoffnung gegen alle Hoffnungslosigkeit.

Kinder haben viel davon, wenn sie lernen, ihre Verhaltensweisen nach ihrer eigenen inneren Stimme zu überdenken. Als Eltern tun Sie Ihren Kindern Gutes, wenn Sie konstruktiv und mit guten Argumenten immer wieder gemeinsam darüber nachdenken, was richtig oder falsch, was gut oder böse ist. So zu tun, als ob es bei uns und den Kindern keine Bosheit gäbe, verharmlost die Realität und baut Illusionen auf. Der Baustein **Raus aus der Sackgasse** kann das Bewusstsein für falsches oder richtiges Handeln aus der Perspektive der Bibel wecken und fördern.

Einführung

Einmalig und unverwechselbar

Ein Geschenk Gottes

 Hole einen Spiegel und betrachte dich selbst einmal ganz liebevoll.

 Gott gibt mir meine 👁️ 👁️, damit ich seine Schöpfung, die Natur und die Mitmenschen sehen kann. Er schenkt sie mir, um mit offenen 👁️ 👁️ durch die Welt zu gehen. Er gibt mir meine 👂, damit ich die Stimmen der Menschen, das Zwitschern der Vögel, das Rauschen des Windes und die Klänge der Musik hören kann. Er schenkt sie mir, damit ich mit offenen 👂 durch die Welt gehe.
Gott gibt mir meinen 👄, um mich zu verständigen, um andere zu trösten und um ihnen Mut zu geben. Er gibt mir meine 👃, um den Duft der Blumen zu riechen. Gott gibt mir meine ✋ ✋, mit denen ich mir und anderen helfen, mit anderen teilen und Menschen trösten kann.
Gott schenkt mir meinen 🧍 mit all seinen Fähigkeiten und Begabungen, damit ich mit meinen Mitmenschen Kontakt aufnehmen kann, damit ich mich und meine Mitmenschen erkennen kann und damit ich 🧍 ihnen begegnen kann. Wir brauchen unseren 🧍 mit all seinen Sinnen, so können wir uns orientieren.
Wenn Gott mein Schöpfer ist, hat er mir etwas von sich selbst mitgegeben. Er gibt uns etwas von seinem Licht, deshalb sind wir eng mit ihm verbunden. Er gibt mir Licht in mein ❤️.

* Schaut euch gegenseitig ins Gesicht, was fällt euch aneinander auf?

* Wie könnt ihr anderen Menschen mit euren Händen begegnen?

Baustein 5

Unsere Welt ist einzigartig – zum Liebhaben

Der heilige Franz von Assisi hatte ein besonders liebevolles Verhältnis zu Gottes Schöpfung, zu all den Tieren und Pflanzen. Er lobte Gottes Schöpfung in seinem „Sonnengesang". Dieses Lied malt die Schöpfung in ihren schönsten Farben aus. Nimm dir Stifte und ein Blatt Papier und versuche dieses Lied als Bild zu gestalten. Versuche die Schwester Sonne, den Bruder Mond und die Sterne zu malen und all die anderen Geschöpfe, von denen uns der Sonnengesang des heiligen Franz von Assisi erzählt.

1. Höchster, allmächtiger und guter Gott, dein sind der Lobpreis, die Herrlichkeit und Ehre.
2. Gott, sei gelobt durch Schwester Sonne, sie ist der Tag, der leuchtet für und für. Sie ist dein Glanz und Ebenbild.
3. Gott, sei gelobt durch unseren Bruder Mond und durch die Sterne, die du gebildet hast. Sie sind so hell, so kostbar und schön.
4. Gott, sei gelobt durch unseren Bruder Wind, durch Luft und Wolken und jedes Wetter. Dein Atem weht, dort, wo es ihm gefällt.
5. Gott, sei gelobt durch unsere Schwester Wasser, sie ist gar nützlich und rein. Sie löscht den Durst, wenn wir ermüdet sind.
6. Gott, sei gelobt durch Mutter Erde, die uns ernährt, erhält und Früchte trägt. Die auch geschmückt durch Blumen und Gesträuch.
7. Gott, sei gelobt durch jene, die verzeihen und die ertragen Schwachheit, Leid und Qual. Von dir, du Höchster, werden sie gekrönt.

„Gott schuf die Menschen nach seinem Bild, als sein Ebenbild schuf er sie und schuf sie als Mann und als Frau."

Nach Genesis 1,27

Gegenüber malen

Setze dich deiner Mutter oder deinem Vater gegenüber. Seht euch einmal ganz aufmerksam an. Was fällt euch auf? Welche Farbe haben die Augen? Welche Farbe haben die Haare? Könnt ihr Ähnlichkeiten zwischen euch feststellen oder auch Unterschiede? Es gibt auf der ganzen Welt keinen Menschen, der einem anderen hundertprozentig gleichsieht. Sogar bei Zwillingen gibt es ganz kleine Unterschiede. Jede und jeder ist einmalig und unverwechselbar. Hier sind zwei Bilderrahmen – sie sind noch leer. Nehmt Stifte, dreht das Buch und malt euer Gegenüber. Versucht in eurem Bild die einmaligen Merkmale eures Gegenübers festzuhalten.

Meine Seite

Meine Seite

Gott hat alle Menschen geschaffen, unser Leben kommt von Gott.
Er meint es gut mit uns und begleitet uns beim Wachsen und Größerwerden.
Wir sind Gottes Ebenbild. Das gibt jeder und jedem einen besonderen Wert. Gott hat uns die Welt anvertraut. Wir haben dadurch Verantwortung für Gottes Schöpfung.
Wenn wir Gottes gute Schöpfung zerstören, können wir in Zukunft nicht mehr gut leben.
Wir Menschen sind als Geschöpfe Gottes selbst ein Teil seiner Schöpfung.

Was ist, wenn wir sterben?

Kais Opa

Paula kommt ganz aufgelöst von der Nachmittagsschule nach Hause. Wortlos geht sie an ihrer Mutter vorbei in ihr Zimmer. Was hat sie nur? Sie wollte doch gleich nach der Schule noch spielen gehen. Nach einer Weile schaut ihre Mutter nach ihr. Paula sitzt auf dem Fußboden, sie hat einen Stift und ein Blatt Papier vor sich, auf dem steht nur: Lieber Gott, bitte kümmere dich jetzt gut … „Was ist denn passiert?", fragt ihre Mutter ganz behutsam. Da bricht es aus Paula heraus: „Das ist so gemein. Kais Opa ist gestern Nacht gestorben, einfach so. Gestern hat er Kai und mir auf dem Heimweg noch fröhlich zugewunken, als er mit dem Fahrrad an uns vorbeigefahren ist. Am Wochenende wollte er uns wieder helfen, an unserem Baumhaus weiterzubauen. Der war immer fröhlich und total nett zu allen Leuten. Und jetzt ist er tot. Heute Morgen haben sie ihn abgeholt. Kai ist trotzdem zur Schule gegangen. Seine Eltern müssen sich jetzt um viele Dinge kümmern. Er saß die ganze Zeit stumm und bleich neben mir. Erst in der Mittagspause hat er mir erzählt, was passiert ist. Er tut mir so leid." Die Mutter nimmt Paula fest in den Arm und tröstet sie: „Das ist wirklich sehr traurig, Paula." – Und dann weinen beide ein bisschen, und nach einer Weile überlegen sie gemeinsam, wie sie Kai und seine Familie unterstützen können.

* Habt ihr auch schon einmal erlebt, dass jemand gestorben ist, den ihr gekannt und gemocht habt?
* Wie habt ihr euch damals gefühlt?
* Was hat euch/dir in eurer/deiner Traurigkeit geholfen?

Oft können wir uns nur das vorstellen, was wir sehen. Es fällt uns schwer, uns für das zu öffnen, was wir nicht sehen, anfassen oder riechen können. Trotzdem können wir als Christen darauf vertrauen, dass wir nach dem Tod weiterleben. Wir brauchen keine Angst vor dem Tod zu haben, auch wenn wir nicht mehr in unserem Körper weiterleben werden.

Gott hat uns zugesagt, dass er uns nach unserem Tod ewiges Leben in seiner Nähe schenkt. Wir können Gott vertrauen, dass er uns nie vergisst. Und trotzdem schmerzt der Verlust von lieben Menschen. Wir denken weiterhin an sie, und sie begleiten uns in unseren Gedanken. Wir müssen lernen, mit dem Verlust zu leben, ohne sie dabei zu vergessen.

* Besucht zusammen einen Friedhof. Wenn ihr dort ein Grab von Verwandten, Bekannten oder Freunden habt, könnt ihr eine Kerze anzünden, Blumen oder Weihwasser mitbringen und gemeinsam am Grab des Toten beten.

Baustein 6

„Aber vielleicht fragt jemand: ‚Wie soll denn das zugehen, wenn die Toten auferweckt werden? Was für einen Körper werden sie dann haben?' Wie kannst du nur so fragen! Wenn du einen Samen ausgesät hast, muss er zuerst sterben, damit die Pflanze leben kann. Du säst nicht die ausgewachsene Pflanze, sondern nur den Samen, ein Weizenkorn oder irgendein anderes Korn. Gott aber gibt jedem Samen, wenn er keimt, den Pflanzenkörper, den er für ihn bestimmt hat. Jede Samenart erhält ihre besondere Gestalt. Auch die Lebewesen haben ja nicht alle ein und dieselbe Gestalt. Menschen haben eine andere Gestalt als Tiere, Vögel eine andere als Fische.

So könnt ihr euch auch ein Bild von der Auferstehung der Toten machen.
Was in die Erde gelegt wird, ist vergänglich; aber was zum neuen Leben erweckt wird, ist unvergänglich.
Was in die Erde gelegt wird, ist armselig; aber was zum neuen Leben erweckt wird, ist voll Herrlichkeit.
Was in die Erde gelegt wird, ist hinfällig; aber was zum neuen Leben erweckt wird, ist voll Kraft.
Was in die Erde gelegt wird, war von natürlichem Leben beseelt; aber was zu neuem Leben erwacht, wird ganz vom Geist Gottes beseelt sein."

Nach 1 Korinther 15,35-39a.42-44a

Von der Raupe zum Schmetterling

Es war einmal ein Mensch, der hatte Mitleid mit den Raupen. „Sie sehen doch hässlich aus", dachte er. „Die Raupen plagen sich vorwärts, nur um etwas zum Fressen zu bekommen. Die Raupen sehen gar nicht, was um sie herum passiert. Sie achten nicht auf die Sonne, den Regenbogen, die Wolken, die Vögel und Tiere. Wenn diese Raupen ahnen würden, was mit ihnen passieren wird! Wie schön sie einmal später als Schmetterlinge sein werden! Sie würden viel froher und zuversichtlicher leben, sie hätten viel mehr Hoffnung."

Der Mensch versuchte den Raupen zu sagen: „Das Leben besteht nicht nur aus Fressen. Der Tod ist nicht das Letzte, ihr werdet leben. Ihr werdet frei sein und fliegen können! Ihr werdet Blüten finden und sehr schön sein." Aber die Raupen konnten dies nicht verstehen, sie dachten nur ans endlose Fressen. Als er wieder anfing und sagte: „Euer Puppensarg ist nicht das Ende, ihr werdet euch verwandeln, über Nacht werden euch Flügel wachsen, ihr werdet leuchtende Farben bekommen!", da sagten die Raupen: „Hau ab! Du spinnst! Du hältst uns nur vom Fressen ab!" – Und sie rotteten sich zusammen und fraßen weiter.

Meine Seite

Mandala: Weg ins Licht

Wir vertrauen darauf, dass mit dem Tod nicht alles aus ist. Der Tod ist wie ein Tor zu neuem Leben. Weil Gott Jesus auferweckt hat, glauben wir, dass Gott auch uns auferwecken wird. So wie sich das Samenkorn oder die Raupe verwandeln, so kommen auch wir, wenn wir sterben, zu neuem Leben bei Gott.

Wege zu Gott

Religiöse Menschen sind Menschen, die bei ihrer Suche nach Antworten auf die großen Fragen des Lebens (Woher kommen wir? Wie sollen wir leben, um glücklich zu sein? Was geschieht nach dem Tod? usw.) auf Gott vertrauen. Die verschiedenen Religionen geben unterschiedliche Antworten darauf. Sie sind wie verschiedene Wegweiser zu Gott. Religiöse Menschen richten ihr Leben danach aus, indem sie miteinander leben und teilen, fasten und feiern, beten und nachdenken.

Wie bei allen Wegweisern, die auf ein Ziel hinweisen, ist es wichtig, dass man sich früher oder später für einen Weg entscheidet. Wie sollte man sonst jemals ankommen?

Unser Glaubensbekenntnis

Ich glaube an Gott,
den Vater, den Allmächtigen,
den Schöpfer des Himmels und der Erde.

Und an Jesus Christus,
seinen eingeborenen Sohn, unsern Herrn,
empfangen durch den Heiligen Geist,
geboren von der Jungfrau Maria,
gelitten unter Pontius Pilatus,
gekreuzigt, gestorben und begraben,
hinabgestiegen in das Reich des Todes,
am dritten Tage auferstanden
von den Toten,
aufgefahren in den Himmel.

Er sitzt zur Rechten Gottes,
des allmächtigen Vaters;
von dort wird er kommen
zu richten die Lebenden und die Toten.

Ich glaube an den Heiligen Geist,
die heilige katholische Kirche,
Gemeinschaft der Heiligen,
Vergebung der Sünden,
Auferstehung der Toten
und das ewige Leben.

Amen

* Lerne das Glaubensbekenntnis auswendig. Es verbindet die christliche Gemeinschaft miteinander und ist die Grundlage unseres Glaubens.

Baustein 7

Der Glaube an Gott ist ein Geschenk. Dankbar dürfen wir es annehmen. Von Jesus wissen wir, dass Gott uns so nahe sein will wie ein guter Vater und eine gute Mutter. Es gibt nichts, was uns von Gott trennen kann. Unsere Welt ist nicht zufällig entstanden. Sie gehört uns nicht, sie ist uns nur geliehen, damit wir respektvoll mit ihr umgehen. Wie Gott ist, zeigt sich uns in seinem Sohn Jesus Christus. Gottes Liebe ist stärker als der Tod. Nichts und niemand soll verloren gehen. Gutes und Böses wird am Ende aufgedeckt.

Gott ist immer bei uns. Sein Heiliger Geist wirkt in der Welt und in der weltumspannenden (= altgriechisch: *katholikos*) Gemeinschaft der Glaubenden.

„Ich bin der Weg und die Wahrheit und das Leben."

Johannes 14,6

In einer Offenbarung empfing Jesaja, der Sohn von Amoz, folgende Botschaft über Juda und Jerusalem: Es kommt eine Zeit, da wird der Berg, auf dem der Tempel des HERRN steht, unerschütterlich fest stehen und alle anderen Berge überragen. Alle Völker strömen zu ihm hin. Überall werden die Leute sagen: ‚Kommt, wir gehen auf den Berg des HERRN, zu dem Haus, in dem der Gott Jakobs wohnt! Er soll uns lehren, was Recht ist; was er sagt, wollen wir tun!'

Denn vom Zionsberg in Jerusalem wird der HERR sein Wort ausgehen lassen. Er weist die Völker zurecht und schlichtet ihren Streit. Dann schmieden sie aus ihren Schwertern Pflugscharen und aus ihren Speerspitzen Winzermesser. Kein Volk wird mehr das andere angreifen und niemand lernt mehr das Kriegshandwerk.

Auf, ihr Nachkommen Jakobs, lasst uns in dem Licht leben, das vom HERRN ausgeht!

Jesaja 2,1-5

* Überlegt gemeinsam: Welchen Weg sind wir als Familie schon mit Gott gegangen – welche Erfahrungen haben wir gemacht?

Meine Seite

Meine Seite

Die Katholische Kirche hat sich im II. Vatikanischen Konzil Gedanken gemacht, wie sie sich zu anderen Religionen verhält:

Die Katholische Kirche lehnt nichts von alledem ab, was in den anderen Religionen wahr und heilig ist. Sie betrachtet mit Respekt die Handlungs- und Lebensweisen, Vorschriften und Lehren, auch wenn sie in manchem von dem abweichen, was sie selbst für wahr hält. Denn auch in anderen Religionen findet sich ein Teil jener Wahrheit, die allen Menschen gegeben ist.

„Wer nicht liebt, kennt Gott nicht" (1 Joh 4,8), so steht es im Neuen Testament. Deshalb lehnt die Kirche jede Ausgrenzung eines Menschen oder jeden Gewaltakt gegen ihn wegen seiner Nationalität oder Hautfarbe oder seiner Religion ab, weil dies dem widerspricht, was Christus gelehrt hat. Deshalb rufen auch die Bischöfe die Christen auf der ganzen Welt dazu auf, mit allen Menschen Frieden zu halten.

Die verschiedenen Religionen sind unterschiedliche Wege von Menschen zu Gott. Die jüdische, islamische und christliche Religion haben trotz aller Verschiedenheit viele Gemeinsamkeiten, die ein friedvolles Miteinander ermöglichen. Jesus Christus ist für uns Christen der Weg zu Gott.

Raus aus der Sackgasse

Der Armreif

Silvia hat Geburtstag. Sie hat fast die ganze Klasse zu ihrem Fest eingeladen. Silvia bekommt sehr viele Geschenke, aber am besten gefällt ihr der silberne Armreif, den ihr der Vater von einer Geschäftsreise aus der Türkei mitgebracht hat. Alle bestaunen das glitzernde Schmuckstück, besonders aber interessiert sich Rasim dafür, ein türkischer Junge aus Silvias Klasse. Er ist stolz, dass das schönste Geburtstagsgeschenk aus seiner Heimat kommt.

Die Kinder spielen den ganzen Nachmittag ausgelassen im Garten, es ist ein richtig lustiges Fest. Doch plötzlich schreit Silvia laut: „Mein silberner Armreif ist weg! Ich habe ihn vorhin auf den Tisch gelegt, und nun ist er weg!" Alle Gäste suchen aufgeregt nach dem Schmuckstück. Doch es lässt sich nicht finden. Plötzlich äußert jemand den Verdacht, Rasim hätte sich den Armreif genommen. Und auf einmal sagen immer mehr Kinder: „Ja, er hat sich doch so dafür interessiert." „Er wollte ihn doch vorhin schon gar nicht mehr aus der Hand legen." „Er hat ihn sich bestimmt genommen." „Er hat ihn gestohlen."

Rasim versichert immer wieder, dass er den Armreif nicht habe, aber die anderen Kinder lassen ihn nicht in Ruhe. Schließlich verlässt der Junge mit Tränen in den Augen das Fest. Abends beim Aufräumen finden Silvia und ihre Mutter den silbernen Armreif unter einem Haufen Geschenkpapier. Ihre Mutter sagt: „Schau mal, was hier ist – der Armreif war gar nicht gestohlen! Ihr habt Rasim sehr ungerecht behandelt!" Silvia bekommt einen roten Kopf. Leise geht sie in ihr Zimmer, sie fühlt sich gar nicht gut.

* Überlegt gemeinsam, wie ihr euch an Silvias Stelle am nächsten Tag verhalten würdet, und erzählt die Geschichte zu Ende.

* Wie hättet ihr euch an der Stelle von Rasim gefühlt, der zu Unrecht beschuldigt worden ist?

Schon in der Bibel erlebten Menschen die Wohltat, nach Gottes Weisung zu leben. Auch für unser Leben miteinander lässt Gott uns Regeln erkennen. Seine „Gebote" sollen uns helfen, einander nicht zu verletzen. Die „Zehn Gebote" aus dem Alten Testament sind Freiheitsregeln, die Gott dem Volk Israel bei der Befreiung aus Ägypten gegeben hat:

Baustein 8

Ich bin der Herr, dein Gott! Ich habe dich aus Ägypten herausgeführt, ich habe dich aus der Sklaverei befreit.

1. Du sollst keine anderen Götter neben mir haben.
2. Du sollst den Namen Gottes nicht missbrauchen.
3. Halte den Ruhetag in Ehren, den siebten Tag der Woche. Er ist ein heiliger Tag, der Gott gehört.
4. Du sollst deinen Vater und deine Mutter ehren.
5. Du sollst nicht morden.
6. Du sollst nicht die Ehe brechen.
7. Du sollst nicht stehlen.
8. Du sollst nichts Unwahres über deine Mitmenschen sagen.
9. und 10. Du sollst nicht versuchen, etwas an dich zu bringen, das deinen Mitmenschen gehört.

Nach Exodus 20,1-17

Die ersten drei Gebote sagen uns, wie wir uns Gott gegenüber verhalten sollen, in den weiteren sieben Geboten gibt uns Gott Regeln für den Umgang mit unseren Mitmenschen. Im Neuen Testament gibt es die „Goldene Regel", die zusammenfasst, was Gott uns für das Zusammenleben mit unseren Mitmenschen aufgetragen hat: „Behandelt die Menschen so, wie ihr selbst von ihnen behandelt werden wollt." (Matthäus 7,12)

Versucht, euch die Zehn Gebote für euer Leben einzuprägen, und überlegt gemeinsam: Welche Gebote sind für euer Zusammenleben besonders wichtig, was bedeuten sie für euren Alltag? Auf einem großen Blatt Papier könnt ihr wichtige Regeln für euer Familienleben aufschreiben: Regeln, auf die ihr euch gemeinsam einigen könnt und die für euer Zusammenleben in der Familie wichtig sind.

„Behandelt die Menschen so, wie ihr selbst von ihnen behandelt werden wollt."

Matthäus 7,12

Der barmherzige Vater

Jesus erzählte folgendes Gleichnis über die Liebe Gottes: „Es war einmal ein Landbesitzer mit zwei Söhnen. Eines Tages verlangte der Jüngere von den beiden seinen Erbteil. So musste der Vater seinen Besitz aufteilen. Der Sohn zog mit dem Geld, das er von seinem Vater bekommen hatte, in ein fremdes Land. Dort gab er das ganze Geld aus. Als er eines Tages aufwachte, bemerkte er, dass alles verschleudert war. Im Land herrschte gerade eine große Hungersnot und so litt auch er bald an Hunger. Nach einiger Zeit gingen ihm die Augen auf und er sagte zu sich: ‚Ich muss zurückgehen zu meinem Vater. Hier verhungere ich fast und bei meinem Vater haben sogar die Knechte mehr zu essen. Ich werde ihm sagen, wie leid mir alles tut. Er wird mich nicht mehr als seinen Sohn aufnehmen, aber vielleicht kann ich für ihn arbeiten.‘

Der Sohn machte sich auf den steinigen Weg zurück nach Hause.

Sein Vater sah ihn, als er noch ein ganzes Stück vom Haus entfernt war. Er rannte auf seinen Sohn zu und nahm ihn in die Arme. Der Vater musste weinen vor lauter Freude. ‚Es tut mir so leid, Vater‘, flüsterte der Sohn.

Der Vater ließ ein Kalb schlachten und gab ein Fest für seinen Sohn. Als der ältere Sohn vom Feld nach Hause kam, hörte er, dass sein Bruder zurückgekehrt war. Er war zornig und schimpfte mit seinem Vater: ‚Viele Jahre habe ich für dich geschuftet, du hast nie ein Fest für mich gegeben! Mein Bruder hat alles Geld verschleudert, für ihn schlachtest du ein Kalb!‘

Der Vater wurde traurig, als er seinen älteren Sohn so zornig reden hörte, und sagte: ‚Alles hier gehört ja dir. Dein Bruder war verloren und jetzt ist er wieder da. Wir können uns freuen und feiern.‘“

Nach Lukas 15,11-32

Der jüngere Sohn war in eine Situation geraten, in der er nicht so richtig wusste, wie es weitergehen sollte. Er wusste nicht, wie sein Vater reagieren würde, wenn er so arm nach Hause käme. Diese Situation ist wie eine Sackgasse, in der wir einfach nicht mehr weiterkommen. Wir können uns in einer solchen Situation nur besinnen und umkehren. Überlegt gemeinsam:

* Wie hat der jüngere Sohn den Weg aus seiner Sackgasse herausgefunden?

* Wie hat der Vater in der Geschichte reagiert?

* Habt ihr auch schon einmal nicht mehr gewusst, was ihr tun solltet? Wie war das?

* Wer oder was hat euch weitergeholfen?

Meine Seite

Meine Seite

Malt, wie der Vater seinen Sohn empfängt, und besprecht gemeinsam, was für euch an dieser Geschichte besonders wichtig ist.

Manchmal kommen wir in eine Situation, die wie eine Sackgasse ist.
Gott empfängt uns immer wie ein barmherziger Vater mit offenen Armen,
wenn wir umkehren. Wenn wir aufeinander zugehen und uns versöhnen, wenn wir
unnötigen Streit vermeiden oder einen Konflikt beenden, geht es uns allen besser.
Wir erfahren in unserem Leben, dass wir manchmal scheitern,
nicht richtig handeln und schuldig werden. Diese Erfahrung gehört zum Leben.
Menschliches Leben ohne Scheitern und Schuldig-Sein gibt es nicht.
Mit jemandem über das zu reden, was uns bedrückt, kann uns aus solchen Situationen
heraushelfen. Gott bietet uns immer seine Versöhnung an. Deshalb spricht uns
der Priester im Sakrament der Versöhnung Gottes Vergebung zu.
Diese Freude über einen neuen Anfang können wir feiern.

Eigentlich ein herrlicher Tag

Paula und Gülçin teilen sich ein Zimmer im großen Ferienfreizeitheim am Waldrand. Seit der langen Busfahrt sind die beiden Freundinnen. Die Tage vergehen wie im Flug. Am ersten Tag haben alle eine lustige Hausrallye gemacht und den riesigen Spielbereich rund um das Haus erkundet. Matteo und ein paar andere Jungs spielen in jeder freien Minute Fußball. Gestern haben alle zusammen ein aufregendes Geländespiel gespielt und abends gemeinsam Lieder am Lagerfeuer gesungen. Heute steht eine große Wanderung auf dem Programm. Am Anfang haben einige ein wenig gemault, weil der lange Anstieg zur Burgruine so steil war. Aber die Anstrengung hat sich gelohnt. Hier oben ist es wirklich spannend – und auch ein wenig gefährlich. Ringsum geht es steil bergab und die Freizeitleiter müssen gut achtgeben, dass die Kinder sich nicht zu nahe an den Abgrund wagen. Auf dem Burggelände lässt sich jedenfalls prima Verstecken spielen. Aber die Jungs spielen Fußball. Sven spielt mal wieder nicht mit. Er sitzt im Schatten und spielt die ganze Zeit auf seinem Handy. Matteo ist total genervt. Ständig spielt Sven mit seinem neuen Handy rum. Sven ärgert es, dass Matteo so oft mit den anderen Jungs Fußball spielt. Sven mag Fußball nicht. Nur im Fernsehen. Da kennt er sich besser aus als alle anderen. Er kennt alle Mannschaften und Trainer, Tabellenplätze und Vereinsfarben. Aber selbst spielen? Die können doch gar nicht richtig kicken – immer rennen alle hinterm Ball her und keiner gibt ab. Ihm schon gar nicht. Dabei hat Sven zu Hause eine super Torwand im Garten … Sven ist traurig. Er würde am liebsten wieder nach Hause fahren. Vor Wut schleudert er sein neues Handy auf den Boden.

Entdeckungstour

Zu stark. Das Display schlägt auf einem Stein auf und zerspringt. Hoffentlich hat das keiner gesehen, wäre ja peinlich. Da kommt Matteo auf Sven zu: „Spielst du mit Verstecken?" „Na gut", murmelt Sven. Ob Matteo etwas bemerkt hat?

Nach der ausgedehnten Pause geht die Wanderung weiter, über einen sanft abfallenden Bergrücken zu einem nahe gelegenen Wasserfall. Auf halber Strecke liegt ein Vogel. Der Kopf ist ganz verdreht. Er regt sich nicht mehr, aber seine Brust bewegt sich noch auf und ab. „Igitt", kreischen einige Mädchen und laufen angewidert weg. Drei Jungs stochern mit ihren Stöcken an ihm herum. Sven und Matteo kommen hinzu.

Matteo: „Hört sofort auf damit, ihr Tierquäler. Was soll denn das, der lebt doch noch."
Sven: „Dem ist nicht mehr zu helfen – lass uns weitergehen."
Matteo: „Aber wir können den doch nicht einfach hier liegen lassen."
Sven: „Ich glaube, jetzt ist er tot, komm wir gehen zu den anderen Jungs – da kommen schon Gülçin und Paula. Wir Jungs wollten doch zuerst am Wasserfall sein."
Matteo: „Warte doch mal. Ich glaube, jetzt ist er wirklich tot."
Paula: „Schau mal, Gülçin, ein toter Vogel – der Arme."
Gülçin: „Fass ihn nicht an! Kommt, wir begraben ihn dort am Wegrand. Helft ihr uns, Matteo und Sven?"
Matteo: „Ich grabe neben dem Farn ein Loch mit meinem Stock."
Sven: „Dahinten liegt ein großer flacher Stein, den können wir als Grabplatte nehmen, ich hole ihn."
Paula und Gülçin rollen den toten Vogel mit einem Stock vorsichtig auf ein großes Blatt und begraben den Vogel gemeinsam mit Matteo und Sven am Wegrand.
Matteo: „Und jetzt?"
Sven: „Nichts, lasst uns weitergehen, die anderen sind schon so weit vorne."
Matteo, Gülçin und Paula zögern.
Sven: „Glaubt ihr etwa, der Vogel kommt jetzt in den Himmel, oder was?"
Gülçin: „Paula, was hast du denn, du siehst so traurig aus."
Paula: „Ich muss gerade an Kais Opa denken – und an meine Oma Monika. Ob die jetzt wohl bei Gott sind?"
Sven: „Ich glaube nicht, dass es da oben einen Gott gibt – wo soll der denn sein?"
Matteo: „Und was glaubst du, warum ist das alles entstanden – die Erde, die Natur, die Sonne und die Sterne …?"
Sven: „Alles Zufall. Das hat sich halt über die Jahrmillionen so entwickelt. Da steckt kein tieferer Sinn dahinter. Es ist halt so. Man kann doch gar nicht beweisen, dass es einen Gott gibt."
Gülçin: „Allahu akbar. Gott ist größer. Größer als alle unsere Bilder und Vorstellungen von Gott. Größer auch als alle unsere Beweise und unser Verstand."
Paula: „Schaut mal, da öffnet sich gerade ein Kokon. Was eine Raupe war, schlüpft jetzt als Schmetterling. Na, der wird die Welt jetzt auch mit neuen Augen sehen."

Mit Jesus Gottes Spuren suchen

Liebe Eltern,

mit wem ich in Beziehung stehe, das ist für mein Leben wichtig. Ohne gute Beziehungen kann ich nicht glücklich leben. Auch die Entscheidung, ob ich mein Leben in der Gottes-Beziehung lebe und gestalte, ist bedeutsam. Christlicher Glaube ist Beziehung – die Beziehung mit Gott in Jesus Christus. In dieser Beziehung existiere ich schon immer, selbst wenn mir dies vielleicht nicht bewusst ist oder ich es vielleicht gar nicht wahrhaben will.

Die Beziehungen in meinem Leben kann ich gestalten: Ich kann etwas tun für meine Beziehungen, sodass sie lebendig und bereichernd für mich sind. Oder: Ich kann Beziehungen einschlafen lassen, sodass diese Beziehungen für mich nicht mehr wichtig sind und ich mich abwende.

Wie mit allen Beziehungen in unserem Leben, so ist es auch mit der Gottes-Beziehung: Auch diese kann ich pflegen. Wie wir sie gestalten können, zeigt uns Jesus Christus, der selbst in ganz besonderer Weise diese Beziehung lebt. Um Gott zu entdecken, können wir uns Jesus anvertrauen. Er nimmt uns mit und lehrt uns zu verstehen, dass wir bereits im Be-Reich Gottes sind. Wir stehen also längst schon in Beziehung zu Gott. Um unsere Gottes-Beziehung zu entdecken oder zu vertiefen, gehen wir mit Jesus auf die Suche nach den Spuren Gottes in unserem Leben.

In der Zusage, dass wir **In Gottes Hand geschrieben** und damit Gott ganz nahe sind, erfahren wir die Liebe Gottes. Nicht erst heute, schon immer sind wir bzw. waren wir von Gott angenommen und geliebt. Die Taufe ist intensive Begegnung mit Gott, die nun weitergeführt oder vielleicht wieder neu angenommen wird.

Wir in der Hand Gottes: Dieses Bild kann unser tiefstes Inneres anrühren und uns großes Vertrauen schenken: Wenn alles durcheinanderkommt in unserem Leben, verlässt Gott uns nicht! Wir sind ein Teil von ihm, wir gehören immer zu ihm. Für viele Kinder ist es eine elementare Erfahrung, sich von Gott gehalten zu fühlen. Dass Gott unseren Namen in seine Hand geschrieben hat und er sich nie von uns trennt, auch nicht bei Schuld und zerstörerischen Verhaltensweisen, ist Hoffnung und Trost für unser Leben.

Mit Jesus in Kontakt – bei diesem Baustein für das Gespräch in der Familie lernen wir unseren Begleiter Jesus näher kennen. Das ist ein erster Schritt der Spurensuche, bei dem Sie viele interessante Deutungen für Ihr eigenes Leben und das Zusammenleben in der Familie entdecken werden.

Der Sinn des Lebens ist wie ein vergrabener Schatz verborgen, sagt uns Jesus. Die Rede vom **Reich Gottes – Schatz für uns Menschen** macht uns klar: Grundsätzlich können wir davon ausgehen, dass Gott in unserem Leben immer schon da ist, vor allen bewussten Bemühungen.

Unsere Aufgabe ist es, ihn in unserem Leben zu entdecken; also wahrzunehmen, dass und wie er schon da ist. Jesus vergleicht in seinen Gleichnisreden das Reich Gottes mit ganz alltäglichen Erfahrungen. Er zeigt damit, dass alle Menschen Erfahrungen mit Gott machen können; denn wir alle gehören zum Reich Gottes, zum Be-Reich Gottes: Immer schon gehören wir Menschen zu unserem Schöpfer, der von Anfang an in unserem Leben da ist und uns über den Tod hinaus rettet.

Wenn Sie sich bewusst werden, wie intensiv Sie schon immer zum Be-Reich Gottes gehören, und wenn Ihnen immer mehr aufgeht, wie kostbar die Beziehung zu Gott ist, dann spüren Sie auch, dass dieser Gott nicht fremd und abstrakt ist. Er ist zu uns wie eine unendlich gute Mutter und ein unendlich guter Vater. Wir können wie Jesus mit Gott sprechen. Denn: Was wir von Gott und über Gott erfahren, das erfahren wir auf unserer Spurensuche von Jesus. Er ist für uns Gottes Sohn, **Unsere Tür zu Gott.** Durch diese Tür treten wir in ganz besonderer Weise ein in die Beziehung zu Gott. Allmählich geht uns vielleicht auf, dass diese Beziehung eine Liebesgeschichte ist. Und wie bei allen Liebesgeschichten gibt es Zeichen und Symbole, die diese Liebe verdeutlichen.

Das Vertrauen, dass Gott immer schon bei uns ist, befähigt uns, im gemeinsamen Alltag auf Gott zu setzen. Mit Gott können wir als verlässlichem Partner rechnen, selbst wenn Leid und Not hautnah werden. Dieses Gott-Vertrauen beginnt oft mit der Veränderung der eigenen Gottesvorstellung. Gott ist kein Zuckerwatte-Gott, der all unsere Wünsche erfüllt; er ist aber auch kein Willkür-Gott, der uns im Leid alleine lässt. Auch wenn das im Leid oft schwer zu verstehen ist, so ist uns Gott gerade in solchen Situationen unseres Lebens nahe. In leidvollen Erfahrungen in der Beziehung zu Gott zu bleiben, ist oft schwer durchzuhalten. Aber nach der Botschaft der Bibel können wir darauf vertrauen, dass Gott uns gerade auch im Leid nahe bleibt. Jesus selbst hat schweres Leid durchlebt.

Einführung

In Gottes Hand geschrieben

Durch den Propheten Jesaja verkündet Gott seinem Volk: „Ich liebe die Menschen wie eine Mutter. Ich helfe meinem Volk. Ich habe Erbarmen mit den Unterdrückten." Wir Menschen kommen immer wieder in die Situation, dass wir klagen: „Gott hat mich verlassen. Mein Gott hat mich vergessen." Doch Gott sagt uns: „Bringt eine Mutter es fertig, ihren Säugling zu vergessen? Hat sie nicht Mitleid mit dem Kind, das sie in ihrem Leib getragen hat? Und selbst wenn sie es vergessen könnte, ICH, euer Gott, vergesse euch nicht. Ich habe mein Volk unauslöschlich in meine Hände eingezeichnet."

Nach Jesaja 49,13-16

Baustein 9

In deine Hand geschrieben

Wenn wir einen anderen Menschen nicht vergessen wollen, dann stellen wir vielleicht eine Blume oder Kerze auf den Tisch, legen uns ein kleines Geschenk von ihm auf den Nachttisch; oder wir stecken uns ein Foto in den Geldbeutel, damit wir immer an diesen geliebten Menschen erinnert werden. Es ist etwas ganz Besonderes, wenn du den Namen deiner Freundin oder deines Freundes, deiner Oma oder deines Opas oder irgendeines Menschen, der dir ganz wichtig ist, in deine Hand hineinschreibst. Jedes Mal, wenn du deine Hand öffnest, wirst du an diesen Menschen erinnert. Wenn in der Bibel geschrieben steht, dass Gott den Namen seines Volkes Israel und damit den Namen von allen Menschen in seine Hand geschrieben hat, dann ist das ein Bildwort, um die Freundschaft und Liebe Gottes auszudrücken. Er vergisst uns und alle Menschen nie. Mit der Taufe werden wir sichtbar aufgenommen in die Gemeinschaft mit Gott und in die Gemeinschaft unserer Kirchengemeinde. Bei der Kommunion erinnern wir uns daran.

Lieber Gott, wir freuen uns, dass du immer bei uns bist. Du liebst uns und verlässt uns nie.
Seit der Taufe sind wir ganz besonders eng mit dir verbunden, dafür danken wir dir.
Amen

„Ich, dein Gott, vergesse dich nicht. Du bist unauslöschlich
in meine Hände eingezeichnet!"

Nach Jesaja 49,15-16

Du bist willkommen

Schaut Bilder eurer Taufe an und überlegt, was damals geschehen ist. Welche Zeichen und Gesten waren wohl bei der Taufe für deine Eltern besonders eindrucksvoll? Vielleicht wollt ihr unten ein Erinnerungsbild malen oder ein Foto einkleben?

Bei deiner Taufe hat dir der Priester oder der Diakon Weihwasser über den Kopf gegossen und dabei gebetet: „Ich taufe dich im Namen des Vaters und des Sohnes und des Heiligen Geistes. Amen." Deine Taufkerze wurde am Licht der Osterkerze entzündet und dir von deinen Eltern und Paten überreicht. Es ist das Licht der Osternacht, das wir in die dunkle Kirche hineingetragen haben. Dabei haben wir gesungen: „Christus – das Licht der Welt". Danach wurde dir ein weißes Kleid angezogen, und du wurdest mit duftendem Öl gesalbt. Beides sind Zeichen dafür, dass du wertvoll bist und Gott dich willkommen heißt. Bei der Tauffeier wurde für dich gebetet: „Gott öffne dir deine Ohren, damit du Gottes Wort selbst hören kannst. Gott öffne dir deine Augen, damit du Gottes Schöpfung und ihn in deinem Leben sehen kannst. Gott öffne dir deinen Mund, damit du Gottes Liebe weitersagen kannst." Bei der Erstkommunion erinnern wir uns wieder an die Taufe.

Ein Bild von meiner Taufe:

Meine Seite

Meine Seite

Ein Gebet aus der Bibel kann uns zeigen, was es heißt, mit Gott zu rechnen, sich auf ihn zu verlassen:

„Herr, du bist mein Hirt.
Bei dir bin ich gern.
Bei dir darf ich spielen im grünen Gras.
Frisches Wasser lässt du für mich sprudeln.
Bei dir bin ich gern.

Du führst mich.
Ich fasse deine Hand.
Du kennst den richtigen Weg.
Auch wenn ich durch dunkle Straßen gehe,
ich habe keine Angst.
Du bist ja bei mir.

Du schützt mich, dir will ich trauen.
Du gibst mir Speise und Trank zur rechten Zeit.
Das Wasser der Taufe hast du über mich fließen lassen.
Ich bin dein Kind.

Das Brot für das Leben schenkst du mir in Fülle.
Ich darf bei dir bleiben immer und allezeit.
Du bist mein Hirt, Herr.
Bei dir bin ich gern."

Nach Psalm 23,1-4

Gott ist immer für uns da. Er begleitet uns durch unser Leben – durch jedes Jahr, jeden Monat, jeden Tag. Durch die Taufe sind wir Gott besonders nah. Wir sind durch das Sakrament der Taufe in die Gemeinschaft aller Christen aufgenommen.

Mit Jesus in Kontakt

Schaut euch das Bild in Ruhe an.

* Was fällt euch auf?
* Welche Personen sind auf dem Bild zu erkennen, wie ist ihr Gesichtsausdruck?
* Was bedeuten die hellen und dunklen Farben?

Baustein 10

Jesus und die Kinder

Einige Leute wollten ihre Kinder zu Jesus bringen, damit er sie berühre; aber seine Jünger fuhren sie an und wollten sie wegschicken.

Als Jesus es bemerkte, wurde er zornig und sagte zu den Jüngern: „Lasst die Kinder doch zu mir kommen und hindert sie nicht daran; denn für Menschen wie sie steht Gottes neue Welt offen. Ich versichere euch: Wer sich Gottes neue Welt nicht schenken lässt wie ein Kind, wird niemals hineinkommen."

Dann nahm er die Kinder in die Arme, legte ihnen die Hände auf und segnete sie.

Nach Markus 10,13-16

Der Wechsel von Licht und Dunkelheit bestimmt unser Leben. Ohne Licht können wir nicht lange leben. Ohne Licht gäbe es die meisten Pflanzen und Tiere nicht und wir hätten keine Nahrung zum Leben.

Licht ist Leben. Im Bild können wir die hellen Gesichter der Kinder sehen. Es wird hell in unserem Leben, wenn wir in Beziehung mit Jesus sind und dort bleiben. Die Kinder auf dem Bild strahlen jetzt selbst auf Jesus zurück. Die Kinder werden von Jesus in die Mitte gestellt und groß gemacht.

Jesus hat die Kinder gesegnet, ihnen also Gottes Nähe und Begleitung zugesagt. Indem ihr euch mit dem Daumen ein Kreuz auf die Stirn macht, könnt auch ihr euch gegenseitig segnen. Das könnt ihr immer tun, morgens bevor ihr aus dem Haus geht, bevor ihr ins Bett geht oder vor einer Reise. Zum Kreuzzeichen könnt ihr beten:

Im Namen des Vaters und des Sohnes und des Heiligen Geistes. Amen

„Wer sich Gottes neue Welt nicht schenken lässt wie ein Kind, wird niemals hineinkommen."

Nach Markus 10,15

Was ich wissen will

Wenn wir jemanden kennenlernen, möchten wir etwas von ihm erfahren.
Wir fragen nach seinem Namen, seiner Familie und seinen liebsten Beschäftigungen.

* Was möchtet ihr alles wissen, wenn ihr jemanden kennenlernt?
* Wie lernt ihr einen anderen Menschen am besten kennen?
* Was fragt ihr dann?

Schreibt auf, was ihr über Jesus schon wisst
und was ihr über ihn noch wissen möchtet.

Meine Seite

Meine Seite

Jesus Quiz

Wann und wie feiert die Kirche den Geburtstag von Jesus?
(Lukas 2,1-20)

Wer waren seine Eltern?
(Matthäus 1,18-24)

Wo ist Jesus aufgewachsen? (Matthäus 2)

In welcher Religion wurde Jesus erzogen?
(Lukas 2,41-52)

War Jesus immer brav und sanft? (Lukas 2,48; Matthäus 21,12-17)

Welche Geschichten über Jesus gefallen dir am besten?

Was konnte Jesus gar nicht leiden / wofür hat er sich eingesetzt? (Matthäus 5,1–7,29)

Hatte Jesus auch mal Angst? (Lukas 22,47-53)

Wo ist Jesus jetzt?
(Matthäus 28,20)

Jesus Christus war ein besonderer Mensch, der auch uns heute viel zu sagen hat. Er hat uns Menschen die Frohe Botschaft von der Liebe Gottes verkündet. Wir glauben, dass Jesus Christus der Sohn Gottes ist und Gott ihn aus dem Tod auferweckt hat.

Reich Gottes – Schatz für uns Menschen

Das Evangelium, die Frohe Botschaft, die uns Jesus verkündet hat, ist wie eine Schatztruhe. Wir finden darin Geschichten, in denen wir etwas sehr Wertvolles über Gott und über uns selbst erfahren: Wir Menschen, du und ich, sind Gott wichtig. Das Evangelium will uns die Augen dafür öffnen, dass Gott uns liebt.

Jesus redet in Gleichnissen und Geschichten von der neuen Welt Gottes, dem Reich Gottes; es gleicht einem großen Schatz: Gott selbst schickt Jesus in die Welt; er macht so deutlich: Die Welt und unser Leben sollen ein Reich der Gerechtigkeit, des Friedens und der Liebe werden. Schon jetzt können wir etwas von dem erfahren, was die zukünftige neue Welt Gottes verheißt. Jesus meint, dass die Welt und unser eigenes Leben bereits zum Be-Reich Gottes gehören. Der Einsatz für Gerechtigkeit, Frieden und Liebe in unserem Leben und auf dieser Welt wird uns von Jesus aufgetragen: Dass wir zum Be-Reich Gottes gehören, ist also eine Gabe wie ein Geschenk und zugleich eine Auf-Gabe.

Einen Schatz finden

„Es war einmal", begann Jesus zu erzählen – und alle spitzten die Ohren.
Mit einer neuen Geschichte wollte er seinen Hörern noch mehr von der neuen Welt Gottes, dem Reich Gottes, erzählen.

„Es war einmal ein Mann, der einen kleinen Acker umgraben sollte. Da traf seine Hacke auf etwas Hartes. Er bückte sich, um die Erde wegzuräumen, und fand einen Schatz: Goldmünzen, Ringe und Broschen funkelten in der Sonne. Rasch deckte der Mann den Schatz zu, um ihn wieder zu verbergen. Er stützte sich auf seine Hacke und dachte nach. Wenn er den Acker kaufen könnte, würde der Schatz ihm gehören. Er wusste, dass er seinen letzten Pfennig dafür hergeben musste. Aber er ging hin, verkaufte alles, was er besaß, und erwarb den Acker. Der war es wert! Der Schatz gehörte jetzt ihm."

Nach Matthäus 13,44-46

Baustein 11

* Was sagt euch das Gleichnis Jesu über die neue Welt Gottes, das Reich Gottes?

* Wie können wir den Schatz Gottes für uns – seine neue Welt – bekommen?

Wenn wir uns auf den Weg machen, um einen Schatz zu suchen, gehen wir nicht alleine. Wir brauchen dabei Gefährtinnen und Gefährten. Wenn ihr in der Bibel auf Schatzsuche geht, könnt ihr euch gemeinsam begleiten. Zusammen könnt ihr in der Bibel lesen und über die Geschichten miteinander reden.

„Die neue Welt Gottes ist mit einem Schatz zu vergleichen, der in einem Acker vergraben war."

Nach Matthäus 13,44

Meine Schätze

Ein Schatz ist etwas ganz besonders Wichtiges und Wertvolles in deinem Leben.

* Wer oder was sind deine Schätze?
* Welche hast du schon entdeckt, wen oder was und welche möchtest du noch finden?
* Male oder schreibe sie in deine Schatztruhe.

Meine Seite

Meine Seite

Die Gemeinschaft mit Jesus Christus
ist wie ein kostbares Geschenk, wie ein Schatz.
Leben in Beziehung mit Jesus Christus heißt:
Leben aus der Frohen Botschaft vom Reich Gottes.

Unsere Tür zu Gott

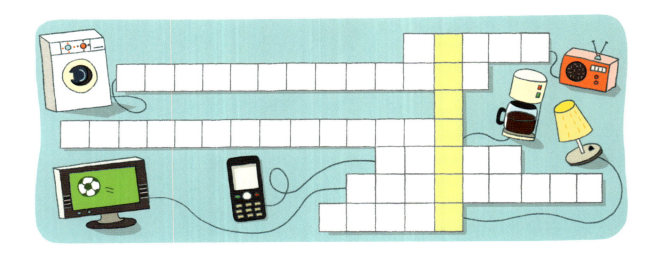

 Wenn ihr die Begriffe der abgebildeten Elektrogeräte erratet, seht ihr im farbigen Bereich das Lösungswort.

Alle diese Geräte hier funktionieren mit Strom. Aber bei drei von ihnen reicht Strom alleine nicht aus, damit sie funktionieren. Sie benötigen zusätzlich eine Antenne, einen Empfänger. Damit können sie unsichtbare Wellen einfangen und uns Töne und Bilder senden.

 Wir haben Antennen, um feinfühlig zu sein. So können wir Dinge wahrnehmen, die nicht auf den ersten Blick sichtbar sind. Wir bemerken zum Beispiel, wenn jemand traurig ist, obwohl er es gar nicht zeigen möchte ... Es gibt aber auch Menschen, die haben für bestimmte Ereignisse keine Antenne. So kann es auch in der Beziehung mit Gott gehen. Das große Abenteuer in der Begegnung mit Gott ist, wie wir ihn erleben und erfahren können. Wenn wir mit aufmerksamen Augen in die Welt schauen und mit sensiblen Ohren aufeinander und auf Gottes Wort hören, dann fahren wir „unsere Antennen" aus, um Gott zu spüren und ihn zu verstehen. Seine „Antenne" auf Gott hin ausrichten kann auch heißen: zu Gott beten oder mit Jesus sprechen, für sich selbst Zeiten der Stille und Ruhe suchen.

* Welche Möglichkeiten habt ihr, um auf Gott zu hören?

* Wie könnt ihr seine Botschaft empfangen?

Baustein 12

 Wir können in der Begegnung mit anderen Menschen Gott finden:
Wenn jemand traurig ist, kann ich ihn trösten.
Wenn jemand krank ist, kann ich ihn besuchen.
Wenn jemand hungrig ist, kann ich mein Essen mit ihm teilen.
Wenn jemand in Not ist, kann ich ihm helfen.

Gemeinsam könnt ihr das Vaterunser beten – als Tischgebet, als gemeinsames Morgen- oder Abendgebet.

 Vater unser im Himmel,
geheiligt werde dein Name,
dein Reich komme,
dein Wille geschehe, wie im Himmel so auf Erden.
Unser tägliches Brot gib uns heute.
Und vergib uns unsere Schuld,
wie auch wir vergeben unsern Schuldigern.
Und führe uns nicht in Versuchung,
sondern erlöse uns von dem Bösen.
Denn dein ist das Reich und die Kraft
und die Herrlichkeit in Ewigkeit.
Amen

Nach Matthäus 6,9-15

Antennen ausfahren auf Gott kann damit beginnen, dass ihr euch bewusst Zeit für Ruhe und Stille nehmt. Ihr könnt versuchen, in eurer Wohnung die Stille zu hören. Wenn ihr euch in ein Zimmer setzt, ganz bewusst Radio/Fernseher/Computer abschaltet, dann still und ruhig werdet, gemeinsam schweigt – was ist noch zu hören? Das Ticken der Uhr? Lärm von draußen? Welche Stimmen in euch selbst hört ihr?

„Vater unser im Himmel, geheiligt werde dein Name, dein Reich komme, dein Wille geschehe."
Matthäus 6,9-10

85

Das Vaterunser

Das Vaterunser ist eines der schönsten und wichtigsten Gebete. Gemeinsam könnt ihr es in eurer Familie Hand in Hand oder mit eurem ganzen Körper beten:

Vater unser im Himmel,

geheiligt werde dein Name.

Dein Reich komme, dein Wille geschehe.

Wie im Himmel so auf Erden.

Unser tägliches Brot gib uns heute.

Und vergib uns unsere Schuld,

wie auch wir vergeben unsern Schuldigern.

Und führe uns nicht in Versuchung,

sondern erlöse uns von dem Bösen.

Denn dein ist das Reich und die Kraft,

und die Herrlichkeit in Ewigkeit. Amen

Meine Seite

Meine Seite

Ihr könnt jeden Abend vor dem Einschlafen miteinander beten und Gott dabei für die drei schönsten Erlebnisse des Tages danken. Wer möchte, kann diese drei Erlebnisse auch auf ein farbiges Kärtchen schreiben oder malen und in einer kleinen Schatztruhe aufbewahren. Nach einiger Zeit werdet ihr euch freuen, wenn ihr euch mit diesen Kärtchen noch einmal an die schönsten Erlebnisse der letzten Wochen erinnern könnt.

> In der Begegnung mit anderen Menschen und mit der Welt können wir Spuren Gottes entdecken. Wir können unsere Augen, unsere Ohren und unser Herz öffnen für Gottes Gegenwart. Wir können mit Gott sprechen, zum Beispiel im Vaterunser. Wir können ihn bitten, ihm klagen, ihn loben, ihm danken. Denn: Gott liebt uns wie eine unendlich gute Mutter und ein unendlich guter Vater.

Es ist kalt und irgendwie unheimlich

Spärlich beleuchten ihre Fackeln den Weg durch die Dunkelheit. Alleine würde sich nicht einmal Sven in dieses dichte Dickicht trauen. Ein echtes Abenteuer, so eine Nachtwanderung durch den Wald!

Seit der gemeinsamen Beerdigung des toten Vogels sind Sven, Matteo, Gülçin und Paula eine richtige Clique geworden. Auch jetzt haben sie sich vom großen Pulk abgesetzt und fallen immer weiter zurück. Gut zu wissen, dass Kathrin, die Oberministrantin, mit einer kleinen Gruppe am Schluss läuft. Die sind aber so weit hinten, dass man sie gar nicht mehr hört – wahrscheinlich musste mal wieder jemand dringend aufs Klo. Aber das kümmert die vier nicht weiter. Nach dem Abendessen wurde ein Spielfilm über Jesus gezeigt. Paula musste bei der Szene von der Kreuzigung weggucken. Überhaupt hat der Film die Gruppe ganz schön aufgewühlt. Gülçin ist noch während des Films auf ihr Zimmer gegangen, Matteo hat sich über Sven aufgeregt, weil der den Film langweilig fand. Nur die Römer wären cool gewesen. Es gibt also so viel zu besprechen, dass die Freunde gar nicht merken, wie sie sich immer weiter von der Gruppe vor ihnen entfernen …

Sven: „Also ich glaube diese ganzen Geschichten sowieso nicht. Wasser in Wein verwandeln, Kranke heilen, Tote auferwecken – und am Ende war dann noch der Stein vom Grab weggerollt, Jesus ist auferstanden und erscheint seinen Jüngern. Das sind doch alles Märchen."

Matteo: „Aber so war es, das steht doch alles fast genau so in den vier Evangelien."

Gülçin: „Vieles davon steht auch im Koran. Nur das mit der Kreuzigung glauben wir nicht. Allah würde doch niemals seinen Propheten von diesen ungläubigen Römern umbringen lassen. Dann wäre ja alles umsonst gewesen."

Paula: „Aber für uns ist Jesus kein Prophet, sondern Gottes Sohn. Durch ihn hat Gott sich ganz menschlich gemacht, damit wir erkennen können, wie sehr er uns nahe sein will und uns liebt. Jesus hat ganz für andere gelebt und ist von seinen Freun-

Entdeckungstour

den verraten und von seinen Feinden umgebracht worden. Gott ist aber stärker als der Tod, deshalb hat er seinen Sohn auferweckt. Nicht einmal der Tod kann uns von Gottes Liebe trennen."

Gülçin: „Also wirklich Paula, Gott kann doch keinen Sohn haben. Es gibt doch nur einen Gott – und der ist kein Mensch. Alles, was wir von Gott wissen können, steht in den Heiligen Schriften, die uns die Propheten hinterlassen haben."

Matteo: „In unserer Bibel steht es aber anders. Du glaubst doch auch, dass für Gott nichts unmöglich ist. Wenn wir sagen, dass Jesus Gottes Sohn ist, dann meinen wir, dass er von Gott kommt, damit wir Gott besser verstehen und lernen, wie wir miteinander leben sollen."

Gülçin: „Im Koran steht aber …"

Sven: „Hört doch mal auf, das bringt doch nichts. Dieser Jesus war einfach ein netter Mensch vor 2000 Jahren. Der hat viel Gutes getan und meinetwegen auch viel Kluges erzählt. Der Rest ist doch erfunden. Die Juden glauben ja auch nicht an Jesus als Prophet oder Sohn Gottes. Es gibt doch immer noch ganz viel Krieg und Gemeinheit in der Welt. Und oft gerade wegen der Religionen. Warum macht euer Gott nichts dagegen? Warum hat Jesus statt Wasser in Wein nicht die Welt verwandelt, wenn er Gottes Sohn ist?"

Paula: „Also ich glaube, dass Jesus von Gott kommt. Und ich glaube auch, dass er auferstanden ist und immer ganz nahe bei uns ist, auch wenn wir ihn nicht sehen können. So wie Gott. Gott will nicht die Welt oder die Natur verwandeln, sondern unsere Herzen. Das kann man nicht erzwingen. Das geht nur, wenn man sich lieb hat und vertraut."

Sven: „Das ist aber ein unsicherer Weg."

Matteo: „Wohin gehen wir eigentlich gerade? Meine Fackel ist ausgegangen. Ich sehe und höre die anderen auch gar nicht mehr."

Gülçin: „Unsere Fackeln sind auch schon fast runtergebrannt. Seid ihr sicher, dass wir vorhin bei der letzten Weggabelung richtig gelaufen sind?"

Paula: „Was machen wir jetzt? Sven, hast du nicht dein tolles Handy dabei?"

Sven: „Kein Empfang, fürchte ich. Wir können ja einfach hier stehen bleiben und warten, bis Kathrin und die anderen kommen."

Gülçin: „Und wenn die an der letzten Weggabelung anders gelaufen sind? Irgendwohin wird dieser Weg ja auch führen. Wir sollten besser schneller laufen, bevor wir hier ganz im Dunkeln stehen."

Matteo: „Wir können uns ja aufteilen, die einen vor – die anderen zurück zur Weggabelung. Vielleicht haben wir ja dann mehr Chancen."

Paula: „Lasst uns lieber zusammen weitergehen. Wir können ja immer nur eine Fackel benutzen, dann halten sie länger."

Sven: „Schaut mal da hinten. Schimmert da nicht Licht durch das Dickicht? Das könnten doch Kathrin mit den anderen sein."

Matteo: „Oder vielleicht sogar unser Freizeitheim."

Sven: „Gott sei Dank!"

Gülçin (grinst)**:** „Meinst du das jetzt im Ernst?"

In Brot und Wein mit Gott verbunden

Liebe Eltern,

dass wir ohne Essen und Trinken nicht lange leben können, spürt nur, wer wirklich hungert und Durst hat. Da wir in der Regel genug zu essen haben, ist uns das nicht in aller Schärfe bewusst. Doch: Wir sind grundlegend auf Nahrung angewiesen. Gott, unser Schöpfer, lässt im Wachstum der Schöpfung Tiere und Pflanzen gedeihen, die uns ernähren. Das Wasser, Gabe seiner Schöpfung, hält uns am Leben. Wir können Gott als den erfahren, der uns leben lässt. Gott ist der, der uns Mittel zum Leben schenkt und uns am Leben erhält.

Gemeinsames Essen und Trinken lässt uns noch eine zusätzliche Erfahrung machen: Essen und Trinken ist mehr, als nur den Bauch zu füllen. Leben ist mehr, als nur Hunger und Durst zu stillen. Wir brauchen Gemeinschaft, Liebe, Zuwendung, Vertrauen und Hoffnung, um leben zu können. Dies alles ist für uns Lebens-Mittel. Das erfahren wir intensiv beim gemeinsamen Essen und Trinken. Hier drückt sich Gemeinschaft, Zuwendung und Liebe am deutlichsten aus.

Das Reich Gottes ist wie ein Hochzeitsmahl (Matthäus 22,1-10): Mit diesem Gleichnis sagt uns Jesus zu, dass seine Gemeinschaft mit uns schon jetzt über unseren Tod hinaus in die neue Welt Gottes hineinreicht. Wenn wir im Gottesdienst Eucharistie feiern und Brot und Wein in Jesu Namen teilen, feiern wir die Verwandlung unseres Lebens und Sterbens durch Gott. So wie er Jesus Christus auferweckt hat, wird er auch uns auferwecken.

Im Baustein **Essen und Trinken hält uns am Leben** geht es darum, sich die alltägliche Notwendigkeit von Essen und Trinken zu vergegenwärtigen. Denn wir können uns dem Mahl der Eucharistie nicht losgelöst von unserem Leben annähern. Für Kinder ist es angenehm, wenn sie nicht alleine essen müssen; sie freuen sich, gemeinsam mit ihren Eltern zu essen und sich zu unterhalten. Wenn dabei eine liebevolle und verständnisvolle Atmosphäre entsteht, begreifen alle am Tisch, dass Essen und Trinken mehr ist als bloße Nahrungsaufnahme. Kinder spüren auch: Wenn meine Eltern mir etwas zu essen geben und für mich sorgen, dann meinen sie es gut mit mir. – Ähnlich ist es auch bei Jesus. Er lädt uns zum Essen ein und setzt damit ein Zeichen, dass wir zu ihm gehören. **Jesus lädt alle ein** – nicht nur uns lädt er ein, sondern alle Menschen lädt er ein. Auch jene, die wir vielleicht nicht einladen würden, Menschen am Rand – Ausgestoßene, Obdachlose zum Beispiel.

Jesus lädt uns zum großen Mahl der Liebe und der Versöhnung. Für ihn drückt sich darin in ganz besonderer Weise die Wirklichkeit des Be-Reiches Gottes aus. Wenn wir an diesem Mahl teilnehmen, werden wir in sein Leben, in seine Botschaft vom Frieden und der Nähe Gottes hineingenommen.

Wir werden vertraut gemacht mit seinem Tod und seiner Auferweckung. Dies ist das Kernstück seiner Botschaft an uns Menschen und sein größtes Geschenk an uns.

Wenn wir dieses Mahl feiern und dadurch **Tun, was Jesus getan hat**, können wir ihn selbst am Brotbrechen erkennen. Auch wir können heute im eucharistischen Mahl etwas von der Wirklichkeit Gottes erfahren.

In Erinnerung an die Gesten Jesu – das Brechen und Austeilen des Brotes und das gemeinsame Trinken aus demselben Kelch – haben wir bis heute die Möglichkeit, in Beziehung mit ihm zu leben. Dabei verwandelt sich mit Brot und Wein unser ganzes Leben zu einem Leben in der Gewissheit, dass auch unser Tod der Anfang neuen Lebens ist. Wandlung meint nichts Magisches, sondern eine Lebensrealität: In der Gemeinschaft mit Jesus Christus im Mahl der Eucharistie wird unsere Beziehung zu Gott ganz konkret, wir werden hineingenommen in das Geheimnis von Leben, Tod und Auferweckung Jesu Christi. Im zentralen Dank- und Lobgebet der Eucharistie-Feier beten wir deshalb: „Deinen Tod, o Herr, verkünden wir und deine Auferstehung preisen wir, bis du kommst in Herrlichkeit."

Wenn wir gemeinsam Eucharistie – das heißt übersetzt „Danksagung" – feiern, dann ist es – wie einst – auch heute Jesus selbst, der uns das Brot bricht und den Kelch reicht. In den Zeichen von Brot und Wein können wir erspüren, was das Geheimnis seines Lebens ausmacht: Er gibt sich hin aus Liebe. In den Zeichen von Brot und Wein erkennen wir dann auch das Geheimnis der **Wandlung und Verwandlung unseres Lebens.**

Denn auch wir können uns immer mehr zu Menschen verwandeln, die Gottes Liebe im eigenen Leben weitergeben. So wandelt sich die Erfahrung von Tod in Erfahrung von Leben, aus dem Tod erwächst neues Leben.

Einführung

Essen und Trinken hält uns am Leben

 Endlich, das Schwimmtraining ist aus. Stefan geht nach Hause. Seine Geschwister und seine Eltern sind schon zu Hause. Er geht gleich in die Küche. Sein Magen knurrt. Er hebt den Deckel und schaut in den Topf mit dem vorbereiteten Essen. Stefan nimmt sich einen Teller voll, holt sich noch ein Glas Saft und geht zum Esstisch. Gerade als er sich setzen will, stehen seine Eltern vom Tisch auf, sie sind schon fertig mit dem Essen. Stefans Bruder sitzt auf dem Sofa und isst vor dem Fernseher, denn er will seine Lieblingssendung nicht verpassen. Seine Schwester ist in ihrem Zimmer, denn sie muss noch für die Klassenarbeit morgen lernen. Eigentlich hat Stefan gar keine Lust, schon wieder alleine zu essen. Langsam setzt er sich an den großen Tisch und stochert lustlos in seinem Essen herum. Er schaut aus dem Fenster und beginnt zu träumen.

Einige Straßen weiter: Zur gleichen Zeit kommt auch Julia vom Training nach Hause. Aus der Küche strömt ihr schon ein wunderbarer Duft entgegen. Heute hat ihr Vater sogar ihr Lieblingsessen gekocht! Sie geht ins Esszimmer. Am Tisch sitzen ihre beiden kleinen Brüder, die bereits auf das Essen warten. Julia setzt sich an den liebevoll gedeckten Tisch. Ihre Mutter bringt das Essen aus der Küche auf den Tisch und gibt jedem Kind etwas auf den Teller. Gemeinsam sprechen sie ein Tischgebet und beginnen zu essen.

Baustein 13

* Wie würdet ihr euch an Stefans oder Julias Stelle fühlen?

* Warum ist gemeinsames Essen eigentlich so schön?

Als es Abend wurde, kamen die Jünger zu Jesus und sagten: „Es ist schon spät, und die Gegend hier ist einsam. Schick doch die Leute weg! Sie sollen in die Höfe und Dörfer ringsum gehen und sich etwas zu essen kaufen!" Jesus erwiderte: „Gebt doch ihr ihnen zu essen!" Aber die Jünger sagten: „Meinst du wirklich, wir sollen losgehen und für zweihundert Silberstücke Brot kaufen und ihnen zu essen geben?" Jesus fragte sie: „Wie viele Brote habt ihr denn bei euch? Geht, seht nach!" Sie sahen nach und sagten: „Fünf, und zwei Fische." Da ließ er die Jünger dafür sorgen, dass sich alle in Tischgemeinschaften im grünen Gras niedersetzten. So lagerten sich die Leute in Gruppen zu hundert und zu fünfzig. Dann nahm Jesus die fünf Brote und die zwei Fische, sah zum Himmel auf und sprach das Segensgebet darüber. Er brach die Brote in Stücke und gab die Stücke den Jüngern, damit sie sie an die Leute verteilten. Auch die zwei Fische ließ er an alle austeilen. Und sie aßen alle und wurden satt. Sie füllten sogar noch zwölf Körbe mit dem, was von den Broten übrig blieb. Auch von den Fischen wurden noch Reste eingesammelt. Fünftausend Menschen hatten an der Mahlzeit teilgenommen.

Nach Markus 6,35-44

Sucht euch einen Tag aus, an dem die ganze Familie Zeit für ein gemeinsames Essen hat. Ihr könnt gemeinsam einkaufen und auch zusammen kochen! Überlegt euch: Was können wir tun, um öfter gemeinsam zu essen? Bevor ihr euer gemeinsames Mahl beginnt, reicht euch die Hände und dankt Gott. Genießt eure Gemeinschaft.

„Ich bin das Brot, das Leben schenkt."

Johannes 6,35

Buchstabensuppe

Dieser große Topf ist voll mit leckerer Buchstabensuppe. Es verstecken sich hier acht Begriffe, die für unser Zusammenleben, unsere Gemeinschaft, wie wir sie etwa bei einem gemeinsamen Essen erleben, wichtig sind. Einen haben wir schon gefunden, findest du die restlichen sieben Wörter?

Versucht, in der nächsten Woche möglichst oft gemeinsam zu essen. Deckt dafür den Tisch besonders schön, vielleicht mit Blumen und einer Kerze. Vor dem Essen könnt ihr beten:

Guter Gott, wir danken dir,
dass wir unseren Tisch
so reichlich decken können
und dass wir so viel essen können,
bis wir satt sind.

Wir danken dir
für all das Essen
und Trinken,
es sind wertvolle Geschenke von dir.
Amen

Meine Seite

Meine Seite

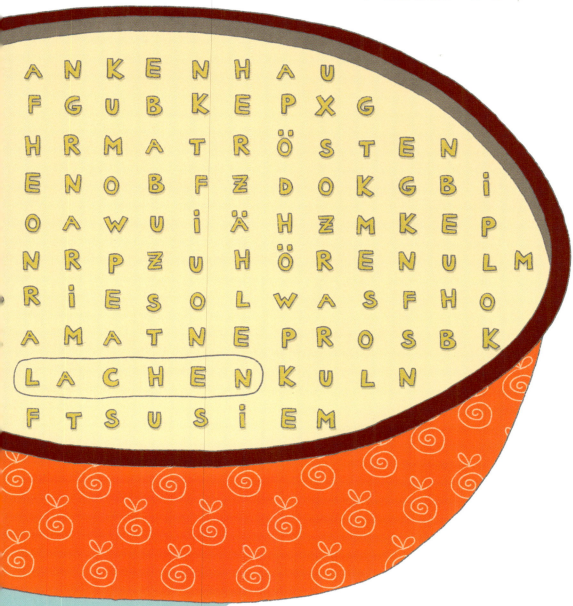

Zum Leben brauchen wir nicht nur Nahrung, sondern auch Liebe und Gemeinschaft. Wenn wir uns vor dem Essen die Hände reichen, drücken wir Gemeinschaft untereinander und mit Gott aus. Gemeinsames Essen und Trinken ist mehr als nur Hunger und Durst stillen. Bei Jesus ist ein gemeinsames Mahl Zeichen von Nähe und Verbundenheit.

Jesus lädt alle ein

Jesus ging nach Jericho und zog durch die Stadt. In Jericho lebte ein Mann namens Zachäus. Er war der oberste Zolleinnehmer in der Stadt und war sehr reich. Er wollte unbedingt sehen, wer dieser Jesus sei. Aber er war klein, und die Menschenmenge versperrte ihm die Sicht. So lief er voraus und kletterte auf einen Maulbeerfeigenbaum, um Jesus sehen zu können; denn dort musste er vorbeikommen. Als Jesus an die Stelle kam, schaute er hinauf und redete ihn an: „Zachäus, komm schnell herunter, ich will heute dein Gast sein!" Zachäus stieg schnell vom Baum und nahm Jesus voller Freude bei sich auf.

Alle sahen es und murrten; sie sagten: „Bei einem ausgemachten Sünder ist er eingekehrt!"

Aber Zachäus wandte sich an Jesus und sagte zu ihm: „Ich verspreche dir, ich werde die Hälfte meines Besitzes den Armen geben. Und wenn ich jemand zu viel abgenommen habe, will ich es ihm vierfach zurückgeben." Darauf sagte Jesus zu ihm: „Heute ist dir und deiner ganzen Hausgemeinschaft die Rettung zuteilgeworden! Auch du bist ja ein Sohn Abrahams. Der Menschensohn ist gekommen, um die Verlorenen zu suchen und zu retten."

Nach Lukas 19,1-10

Male hier ein Bild zu der Geschichte.

Baustein 14

* Warum will Jesus gerade zu Zachäus kommen?

* Warum freut sich Zachäus, dass Jesus mit ihm isst und trinkt?

* Was bedeutet es für euch, wenn Jesus zum Mahl einlädt?

So wie mit Zachäus hat Jesus auch mit seinen Freunden, den Jüngern, und anderen Menschen immer wieder zusammen gegessen. Er setzte sich mit den Menschen an einen Tisch. Er machte dabei keine Unterschiede zwischen Armen und Reichen, zwischen Frommen oder weniger Frommen, zwischen Mann und Frau. Viele Menschen konnten das nicht verstehen und machten Jesus deswegen Vorwürfe: Man setzt sich doch nicht mit jedem an den Tisch, sondern nur mit denen, die für die Guten und Frommen gehalten werden! Doch für Jesus war das anders. Er hat mit den Menschen zusammen gegessen, weil er ihnen zeigen wollte: Mit dem Reich Gottes ist es wie mit einem großen Festmahl, zu dem ohne Ausnahme alle dazugehören. Alle sind eingeladen. So groß ist die Liebe Gottes. Wenn wir Eucharistie feiern, merken wir: So groß ist die Liebe Gottes, dass ich an seinen Tisch geladen bin – so wie ich bin. Und manchmal geht es uns dann wie Zachäus. Wir spüren, wo wir uns ändern könnten, um dieses Geschenk der Liebe weiterzugeben an andere Menschen.

Wie das im Alltag gehen kann, zeigt uns das Bild auf der nächsten Seite. Dort hat der Künstler Sieger Köder die „Werke der Barmherzigkeit" in einem Bild zusammengefasst.

Wenn wir in der Eucharistie in Brot und Wein die große Liebe Gottes empfangen, sollen wir sie durch unser Handeln auch zu anderen Menschen bringen. Dabei können wir an ein wichtiges Wort von Jesus denken: „Was ihr für einen meiner geringsten Brüder oder für eine meiner geringsten Schwestern getan habt, das habt ihr für mich getan" (Matthäus 25,40).

„Zachäus, komm schnell herunter, ich will heute dein Gast sein! Ich bin gekommen, um die Verlorenen zu suchen und zu retten."

Nach Lukas 19,5.10

Gemeinsam essen

Meine Seite

Meine Seite

* Was tun die Menschen auf dem Bild?
  Was passiert hier?
* Was fällt dir auf, wenn du den Menschen
  ins Gesicht schaust?
* Wie wirken die Farben auf diesem Bild
  auf dich?

* Wen wolltet ihr schon lange einmal zum
  gemeinsamen Essen einladen? Wer würde sich
  darüber ganz besonders freuen? Hier kannst du
  die Namen deiner Gäste aufschreiben.
* Welches Gericht wollt ihr am liebsten kochen?
  Schreibe auf den Einkaufszettel alle Dinge, die
  ihr dazu besorgen müsst.
* Wie wollt ihr den Tisch gemeinsam gestalten?
  Wer möchte ein Tischgebet vorbereiten,
  in dem ihr Gott für das leckere Essen und den
  Besuch dankt?

Einkaufsliste:

Gästeliste:

Jesus hat mit den Menschen gegessen.
Dabei hat er keine Unterschiede gemacht: Zum Mahl mit ihm
waren und sind alle eingeladen. Für Jesus drückt sich in der Einladung
zum gemeinsamen Mahl die Liebe Gottes aus.

Tun, was Jesus getan hat

 Zwei seiner Freunde waren nach Jesu Tod auf dem Weg von Jerusalem zu einem Dorf, das Emmaus hieß. Sie waren traurig, verzweifelt und ohne Hoffnung. Unterwegs sprachen sie über die Ereignisse von Jesu Tod. Sie konnten nicht verstehen, warum er sterben musste.

Da gesellte sich auf dem Weg ein Fremder zu ihnen und ging ein Stück des Weges mit. Es war der auferstandene Jesus, aber seine beiden Freunde merkten es nicht. Sie waren viel zu traurig, um ihn zu erkennen. Er sprach sie an und fragte sie, warum sie denn so traurig seien. Die zwei sagten: „Du bist wohl der einzige Mensch in ganz Jerusalem, der nicht weiß, was dort geschehen ist! Jesus ist zum Tode verurteilt und ans Kreuz geschlagen worden. Wir haben unsere ganzen Hoffnungen in diesen Mann gesetzt. Wir haben gehofft, er ist unser Retter!"

Jesus erklärte ihnen: „Musste das nicht alles so geschehen? Musste der Sohn Gottes nicht durch den Tod hindurchgehen, um von Gott auferweckt zu werden?" Die beiden Jünger hörten dem Fremden erstaunt zu. Denn er erklärte ihnen die Schriften der Propheten. Nun konnten sie den Tod Jesu besser verstehen.

Inzwischen waren sie nach Emmaus gekommen. Jesus tat so, als wolle er weitergehen. Aber sie sagten zu ihm: „Geh nicht fort! Bleib doch bei uns, denn es wird schon Abend. Der Tag geht zu Ende." Da folgte Jesus ihrer Einladung und blieb bei ihnen. Als sie gemeinsam bei Tisch saßen, nahm Jesus das Brot, sprach ein Segensgebet, brach das Brot in Stücke und gab es ihnen. Da gingen ihnen die Augen auf, und sie erkannten ihn. Aber im selben Augenblick verschwand er vor ihren Augen.

Nach Lukas 24,13-35

* Wie fühlten sich die Jünger, als sie sich auf den Weg nach Emmaus machten?

* Wie hat sich ihre Stimmung verändert, als sie mit dem Fremden sprachen?

* Was ist in Emmaus passiert? Woran haben die Jünger Jesus erkannt?

Baustein 15

Damals ... und heute

 Traurig und verstört gehen die Freunde Jesu von Jerusalem weg, nachdem Jesus dort gekreuzigt worden war. Alles, worauf sie gehofft hatten, ist zerbrochen. Sie sind außer sich und hoffnungslos. Sie merken noch nicht einmal, dass Jesus bei ihnen ist. Erst als sie mit ihm am Tisch sitzen und er das Brot mit ihnen teilt und isst, wird ihnen klar: Jesus lebt tatsächlich unter uns; wir können ihn am Brotbrechen erkennen.

Wenn wir Eucharistie feiern, geschieht dasselbe wie damals in Emmaus: Im Brechen des Brotes erkennen wir, wer Jesus ist. Das geteilte und gemeinsam gegessene Brot holt Jesus ganz in unsere Gegenwart herein. Durch das Brotbrechen und das gemeinsame Mahl verbinden wir uns ganz eng mit ihm. Seine Liebe und Gemeinschaft schenkt er uns auch heute.

 Ihr könnt Brot aufmerksam anschauen und miteinander essen. Legt eine Scheibe Brot auf einen Teller oder auf ein schönes Tuch in die Mitte eures Tisches.

Betrachtet die Scheibe Brot eine Zeit lang in Ruhe. Tauscht dann eure Gedanken zum Brot aus. Nun könnt ihr das Brot brechen und teilen, sodass alle ein Stück davon bekommen. Esst das Brot miteinander.

„Jesus nahm das Brot, sprach das Segensgebet darüber, brach es in Stücke und gab es ihnen. Da gingen ihnen die Augen auf, und sie erkannten ihn."

Lukas 24,30-31

Wir sind verbunden

„Ich bin der wahre Weinstock", sagte Jesus zu seinen Jüngern. „Alle, die mich lieben und mir vertrauen, sind wie Rebzweige. Wenn an einem Rebzweig Beeren wachsen sollen, muss der Rebzweig mit dem Hauptstamm des Weinstocks verbunden bleiben. Wenn ihr mich liebt und euch nach meinem Wort ausrichtet, werdet ihr mit mir verbunden bleiben. Dann könnt ihr Kraft und Leben von mir bekommen, wie die Rebzweige den Leben spendenden Saft vom Hauptstamm ziehen. Wenn ihr mit mir verbunden bleibt, wird euer Leben die guten Früchte der Geduld tragen, der Güte, Milde, Wahrheit, Bescheidenheit und Selbstbeherrschung. Auf euch selbst gestellt, werdet ihr versagen. Bleibt mit mir in Verbindung, und mein Leben, meine Kraft und mein Gutsein wird in euch strömen."

Nach Johannes 15,1-6

Das Bild vom Weinstock und den Rebzweigen drückt aus, um was es in der Kommunion geht: Wir stehen ganz eng in Beziehung mit Gott. So wie die einzelnen Rebzweige nur leben können, wenn sie mit dem Weinstock, dem Stamm, verbunden bleiben, so können auch wir nur Gott entdecken und christlich leben, wenn wir mit Jesus Christus verbunden bleiben. Die einzelnen Rebzweige bleiben saftig, solange sie vom Saft genährt werden, den der Stamm über die Wurzeln aus dem Boden zieht. Wir verlieren den Kontakt zu Gott, wenn wir uns von unserem Weinstock, von Jesus, abtrennen lassen oder uns selbst entfernen. Das Bild vom Weinstock hält in uns das Gedächtnis oder die Erinnerung wach, dass wir mit Jesus Christus verbunden bleiben, gerade weil wir auch in der Eucharistie Gemeinschaft mit ihm haben.

* Schreibt eure Namen in die einzelnen Trauben der vorgezeichneten Rebe!
* Zeichnet die Rebe fertig, indem ihr weitere Trauben dazumalt. Ihr könnt Namen von Freunden oder anderen Menschen, mit denen ihr verbunden sein wollt, hineinschreiben.
* Vielleicht könnt ihr jemandem, den ihr schon länger nicht mehr gesehen und getroffen habt, einen Brief schreiben, um ihm so zu zeigen: Wir sind miteinander verbunden!

> „Ich bin der Weinstock,
> und ihr seid die Reben.
> Wer mit mir verbunden bleibt,
> so wie ich mit ihm,
> bringt reiche Frucht."
>
> Johannes 15,5

Meine Seite

Meine Seite

In der Eucharistie-Feier segnen und teilen wir das Brot und den Wein, wie Jesus das getan hat. Bei diesem feierlichen Mahl erinnern wir uns intensiv an das Leben, den Tod und die Auferweckung Jesu Christi, sodass er für uns so lebendig wird wie damals.

Wandlung und Verwandlung unseres Lebens

Vielleicht habt ihr es schon so oder so ähnlich erlebt: Jemand anderer sagt zu euch ein liebes Wort, eure Mutter umarmt euch, ein Freund lacht euch zu oder euer Vater tröstet euch – und auf einmal ist die Welt verwandelt, seid ihr selbst wie verwandelt. Die Liebe, die Freude, die Nähe und Zärtlichkeit, die euch andere Menschen geschenkt haben, stecken euch an: Der Himmel ist nicht mehr so grau, der Schmerz nicht mehr so schlimm – das ganze Leben ist verwandelt durch die Liebe, die euch geschenkt wird.

* Erinnert ihr euch an Situationen, in denen sich durch das Wort oder das Verhalten eines anderen Menschen etwas geändert, gewandelt hat für euch?

* Wie drückt ihr in eurer Familie Zuneigung aus? Wie spürt ihr, dass die anderen euch lieb haben?

* Wie könnt ihr den anderen zeigen, dass ihr sie lieb habt?

Baustein 16

Liebe wirkt wie eine unsichtbare, aber spürbare Kraft. Liebe zeigt sich darin, dass ich nicht immer auf mich selbst und meinen eigenen Vorteil schaue, sondern auf den anderen und für ihn Gutes und Liebes will. Aus Liebe verändere ich mein Verhalten zugunsten des anderen: Liebe verwandelt mich. Ich werde ein anderer Mensch. Das Leben Jesu war geprägt und erfüllt von Liebe: eine Liebe, die sich verschenkt und auf andere übergeht. Die Menschen in Jesu Umgebung waren verwandelt. Sie spürten: Von Jesus geht eine gute Kraft aus. Er hat für die Menschen das gute Wort, die befreiende Botschaft von der Liebe Gottes. Nicht alle konnten seine Liebe annehmen; einige wollten ihn sogar töten. Und so ist es schließlich geschehen: Jesus wurde zum Tode verurteilt und gekreuzigt. Jesus ging durch den Tod wie alle Menschen; er aber verwandelte den Tod, gab ihm eine neue Bedeutung: der Tod als Tor zu Gottes neuer Welt. In der Eucharistie feiern wir die Hingabe Jesu. Er ist seinem Auftrag, den Menschen die Liebe Gottes zu bringen und zu zeigen, auch dann noch treu geblieben, als er verfolgt und getötet wurde.

Das letzte Abendmahl

Jesus setzte sich mit seinen Freunden zu Tisch. Dann nahm Jesus ein Brot, sprach darüber das Dankgebet, brach es in Stücke und gab es ihnen mit den Worten: „Das ist mein Leib, der für euch hingegeben wird. Feiert dieses Mahl immer wieder zu meinem Gedächtnis. Tut das immer wieder, damit unter euch gegenwärtig ist, was ich für euch getan habe." Ebenso nahm er nach dem Essen den Becher Wein und sagte: „Dieser Becher ist Gottes neuer Bund, der in Kraft gesetzt wird durch mein Blut, das für euch vergossen wird."

Nach Lukas 22,14-20

„Feiert dieses Mahl immer wieder zu meinem Gedächtnis. Tut das immer wieder, damit unter euch gegenwärtig ist, was ich für euch getan habe."

Nach Lukas 22,19

* Jesus hat alle Kinder gesegnet. Er nimmt auch dich in diesen Segen mit hinein. Male dich zu den Kindern dazu.

Meine Seite

Meine Seite

Jesus feierte mit seinen Jüngern ein Mahl, bevor er sterben musste. Dabei nimmt er Brot, etwas ganz Alltägliches, das wir Menschen zum Leben brauchen. Und er nimmt den Wein, den Menschen bei Festen und Feiern trinken. Jesus teilt Brot und Wein an seine Freunde aus. Er spricht ein Segensgebet über Brot und Wein. Dann fordert er sie auf, zu essen und zu trinken. Er sagt: „Das Brot ist mein Leib. Der Wein ist mein Blut." Das bedeutet: „Ich selbst werde für euch so wichtig wie Brot und Wein. Ihr lebt von meiner Liebe wie vom Brot. Ihr seid mit mir verbunden, wie die Reben verbunden sind mit dem Weinstock." Wenn wir sagen, dass sich in der Eucharistie-Feier Brot und Wein wandeln, dann ist da kein Zaubertrick dabei: Wein und Brot sind nach wie vor Wein und Brot – sie sehen so aus und schmecken so. Aber sie bekommen einen völlig neuen Sinn, weil der Priester mit der Gemeinde die Worte Jesu vom letzten Abendmahl spricht: „Das ist mein Leib, das ist mein Blut." Brot und Wein werden zu Jesus selbst. Sie erinnern uns an seine Liebe. Sie machen uns sein Leben, seinen Tod und seine Auferweckung gegenwärtig. Im Austeilen von Brot und Wein schenkt sich uns Jesus selbst, wir haben dadurch Anteil an seiner Lebenshingabe. So werden wir verwandelt zu Menschen, die in Gemeinschaft mit Jesus leben und zu ihm gehören.

Der Segen Jesu verwandelt uns und unser Leben. Die Kinder, die von Jesus auf diesem Bild gesegnet werden, stehen im Licht. Jesus hat eine wohltuende Ausstrahlung. Er verwandelt unsere Herzen und macht uns froh.

Worte verwandeln. Beziehung gewinnt Gestalt.

Im Brot teilen entsteht Wandlung.

In den Gaben von Brot und Wein ist Jesus unter uns. Er verwandelt unser Leben durch seine Nähe. Wie Brot und Wein in der Eucharistie-Feier eine neue Bedeutung erhalten und zu Jesus Christus selbst werden, will er auch uns zu Menschen verwandeln, die nach seiner Botschaft leben. Das gemeinsame Mahl in der Eucharistie-Feier verbindet uns mit Jesus Christus und untereinander.

Sonntagmorgen

Der Frühstückstisch ist heute besonders liebevoll und schön gedeckt. Es gibt Hefezopf und Erdbeermarmelade, auf dem Tisch stehen kleine Blumenvasen. Die Freizeitleiterinnen haben sogar kleine Tischkärtchen für die Kinder gestaltet und so aufgestellt, dass alle mal an einem anderen Platz sitzen als sonst. Vor dem Frühstück liest Gülçin aus der ersten Sure des Korans vor. Zuerst auf Arabisch, dann auf Deutsch. Alle sind sehr beeindruckt. Gülçin fühlt sich wohl auf der Freizeit. Die meisten Kinder sind freundlich zu ihr, und die Leiter achten immer darauf, dass ihre Religion respektiert wird. Sie wird zu nichts Religiösem gezwungen oder überredet. Gerade deshalb ist Gülçin sehr interessiert daran, viel über das Christsein zu erfahren. Sven ist froh, zum ersten Mal in einer Gruppe nicht ausgeschlossen zu werden. Paula findet es schön, wie hier alle zusammenhalten, auch wenn es ab und zu mal Streit gibt, und Matteo hat nie gedacht, dass man auch mit Mädchen gut befreundet sein kann. Seine große Schwester findet er nämlich oft nervig. Nach dem Frühstück macht sich die ganze Gruppe auf den halbstündigen Fußmarsch zum Sonntagsgottesdienst in die nahe gelegene Dorfkirche am Marktplatz. Gülçin entscheidet sich in letzter Minute, auch mitzugehen. Sie hat zwar schon mal mit ihren Eltern eine Kirche besichtigt, aber sie war noch nie bei einem christlichen Gottesdienst. Vieles ist ihr fremd und unverständlich. Sven geht es ähnlich. Auf dem Rückweg über die Wiesen und Felder gibt es deshalb wieder viel zu besprechen.

Matteo und Paula haben ihre liebe Mühe, die vielen Fragen zu beantworten. Gut, dass sie schon einiges während der Kommunionvorbereitung gelernt haben.

Gülçin: „Mir haben das Orgelspiel und die vielen Lieder gefallen, und ich finde es gut, dass alle Texte und Gebete auf Deutsch gesprochen werden. Da versteht man wenigstens alles."
Sven: „Also ich habe nicht viel verstanden. Dabei habe ich echt versucht, gut zuzuhören. Mir geht das einfach zu lange und ich finde es auch langweilig. Und als es endlich etwas zu essen geben sollte, haben nur die Erwachsenen und die großen Kinder so ein kleines Teigplättchen bekommen. Jesus hat doch in dem Film auch echtes Brot an alle verteilt und keine dünnen Backoblaten."
Paula: „Das ist ja auch ein besonderes Mahl. Du sollst ja nicht satt werden. In der Kommunion geht es um die Gemeinschaft mit Jesus Christus und untereinander. Gott berührt uns und will uns im heiligen Brot ganz nahe sein. Unser Pfarrer hat einmal gesagt: In der Eucharistie-Feier möchte Gott unsere Herzen verwandeln."
Sven: „Ich will aber gar nicht verwandelt werden. Ich glaub das alles sowieso nicht."
Paula: „Deshalb sollst du ja auch erst zur Kommunion gehen, wenn du dazugehören und mit Jesus in Kontakt kommen willst."
Gülçin: „Mir ist das auch alles fremd. Aber ich verstehe jetzt langsam, worum es in euren Gottesdiensten geht: nicht um verwandeltes Brot, sondern um verwandelte Menschen, die so leben wollen, wie Jesus es vorgelebt hat."

Paula: „Und wir glauben, dass er uns dabei hilft."
Gülçin: „Ich möchte auch, dass Gott mir hilft, ein guter Mensch zu werden. Wir Muslime sollen uns deshalb möglichst genau an die Regeln unserer Religion halten. Das lernen wir alles in der Familie und wenn wir freitags in die Moschee gehen. Das hilft uns, mit Gott in Kontakt zu bleiben. Bei den Juden ist es auch so, sie feiern am Freitagabend ihren Schabbat mit einem gemeinsamen Essen in der Familie und in der Synagoge und erinnern sich daran, was Gott alles Gutes an ihnen getan hat."
Sven: „Wo ist eigentlich Matteo? Der war doch gerade noch bei uns."
Matteo: „Hinter dir – auf dem Marktplatz war eine Eisdiele. Ich habe uns allen ein Eis mitgebracht."
Sven: „Wunderbar."

Miteinander Kirche sein

Liebe Eltern,

ohne Feste und Symbole, ohne aufbauende Erfahrungen und wegweisende Zeichen können Kinder nicht aufwachsen, können auch wir Erwachsene nicht auskommen. Unsere Beziehungen leben von vielfältigen Zeichen. Dies gilt auch für die Gottesbeziehung. Auf dem Weg mit Gott werden wir begleitet von vielen Zeichen, die unser Leben deuten und uns Mut machen können: Licht gegen Dunkelheit, Gemeinschaft gegen Isolation, versöhnendes Händereichen gegen die geballte Faust, das Kreuz als Zeichen für den Sieg des Lebens über den Tod.

In unseren Gottesdiensten begegnen wir einer ganzen Reihe von solchen Zeichen, die uns Ermutigungen und Hoffnung für unser alltägliches Leben geben können. In allen diesen Feiern wollen wir **Gott loben und danken** – ganz besonders in der Feier der Eucharistie (= „Danksagung").

Die Eucharistie-Feier verstehen zu können, ist ein besonderes Anliegen unseres gemeinsamen Weges zur Kommunion. Der Baustein **Gott loben und danken** möchte Ihnen grundlegend erschließen, welche Bedeutung unsere Gottesdienste, die wir zusammenfassend als Liturgie bezeichnen, haben.

Unser wichtigster Gottesdienst ist die Eucharistie-Feier: die Erinnerung an Jesus und die Vergegenwärtigung seines Lebens, seines Todes und seiner Auferweckung. Es kann uns noch klarer werden, dass der Charakter dieser Feier Dank und Freude ist. Es ist ein Fest der Freude in der Gewissheit, dass das Reich Gottes unter uns bereits angebrochen ist.

Im dazugehörenden Kapitel **Mit Paula auf Entdeckungstour** (Seite 132–159) finden Sie eine spannende und für den Kommunionweg zentrale Erzählung, um die Eucharistie zu verstehen. Viele Lieder helfen dabei, die Feier und ihre Elemente in ihrem Sinn zu erfassen. Die Erzählung von Paula ist wie ein Gang durch die einzelnen Elemente der Eucharistie-Feier angelegt, die sich dadurch Schritt für Schritt erschließt.

Für Sie als Eltern und erst recht für Ihr Kind ist der Festtag der Kommunion **Ein Tag wie kein anderer.** Wie Sie gemeinsam in der Familie diesen Tag gestalten und feiern, ist von bleibender Bedeutung. Ihr Kind wird sich sein Leben lang daran erinnern. Die Vorbereitung des Kommuniontages sollte daher auf die Wünsche und Bedürfnisse Ihres Kindes eingehen. Es ist nicht das Fest der eingeladenen Verwandten, sondern Ihr Fest gemeinsam mit Ihrem Kommunionkind, zu dem Verwandte und Freunde eingeladen sind. Die Gestaltung des Tages sollte deshalb von Ihrem Kind ausgehen.

Viele Eltern und Kinder sind am Abend des Kommuniontages erschöpft. Dies ist ja auch bei anderen Festen so – etwa nach einem Kindergeburtstag. Der Tag mit all seiner Vorfreude und

Spannung, die Feier in der Kirche und zu Hause ist schön und intensiv zugleich. Die Vorbereitungen und die Gastgeberrolle erfordern von Ihnen, den Eltern, manche Anstrengung.

Allerdings bringt die Einstellung: „Jetzt haben wir es hinter uns, jetzt haben wir es geschafft", angesichts des Geschehens der Kommunion alle Beteiligten um eine große Erfahrung. Die erste Kommunion soll nicht gleichzeitig schon die letzte sein. Die Kommunion als Gemeinschaft mit Jesus Christus geht weiter: Der Baustein **Gemeinde – Miteinander weitergehen** geht darauf ein.

Wie kann diese Gemeinschaft weitergehen? Eine Möglichkeit sowohl für das Kind als auch für Erwachsene, aktiv am Gemeindeleben teilzunehmen, ist die Beteiligung an den verschiedenen Aktivitäten und Festen oder an einer Gruppe der Gemeinde. Die andere wichtige Möglichkeit für die ganze Familie besteht darin, am Sonntag am Gottesdienst der Gemeinde teilzunehmen: Sie können damit Ihren Lebensweg in lebendiger Gemeinschaft mit Jesus weitergehen. Jeden Sonntag sind Sie zum gemeinsamen Gottesdienst der Gemeinde eingeladen. Der Sonntag als heilige Zeit ist der Tag Gottes. Besonders Familiengottesdienste können Chancen bieten, als Familie dem Sonntag eine besondere Tiefe und Würde zu geben.

Für viele Familien mit kleineren Kindern ist zunächst einmal die Gemeinde vor Ort Ansprechpartner und Feierraum des Lebens. Aber die Kinder werden älter und mobiler, die Welt wächst zusammen, und immer weniger Menschen bleiben ihr Leben lang vor Ort. Umso wichtiger ist, dass wir uns geistlich beheimaten. Dieser letzte Baustein in unserem Familienbuch möchte Sie und Ihr Kind – auch im Blick auf die Firmung – bestärken: **Katholisch – In der ganzen Welt zu Hause**. Wagen Sie gelegentlich einen Blick über den Kirchturm hinaus. Entdecken Sie die weltumspannende Gemeinschaft der Glaubenden. Sie können in der Weltkirche eine Einheit in erstaunlicher Vielfalt und Weite erfahren, die auch für Sie und Ihr Kind zur Heimat werden möchte – egal an welchem Ort.

Einführung

Gott loben und danken

Wir feiern zusammen

Wenn jemand Geburtstag hat, feiern wir ein Fest. Wir essen und trinken zusammen und erinnern uns an den Tag, an dem dieser Mensch geboren wurde. Ehepaare feiern den Tag, an dem sie geheiratet haben. Sie gehen vielleicht zusammen essen und erzählen sich Erinnerungen von ihrer Hochzeit. Damit wird der Hochzeitstag wieder lebendig.

Bei vielen Festen ist eines gleich: Wir essen und trinken gemeinsam. Wir feiern, weil wir dankbar sind – für die Geburt und die Lebensjahre, für den Ehepartner und das Glück der Liebe. Wir feiern dann, um etwas, das schon viele Jahre zurückliegt, heute wieder ganz intensiv werden zu lassen.

* Welche Feste kennt ihr, bei denen sich Menschen an etwas erinnern?

* Woran erinnern sie sich? Was wird in der Gegenwart wieder neu und lebendig?

Gottesdienst feiern

Nicht nur einzelne Menschen oder Familien feiern Feste in lebendiger und dankbarer Erinnerung. Auch große Gemeinschaften von Menschen tun das. So feiert zum Beispiel eine Nation gemeinsam besonders wichtige Ereignisse, wie den National- oder Staatsfeiertag.

Die Kirche als die große Gemeinschaft der Freundinnen und Freunde Jesu feiert wichtige Ereignisse aus dem Leben Jesu. Denn ohne die Geschichte mit Jesus würde es die Kirche gar nicht geben. Am wichtigsten ist für uns in der Kirche das Osterfest. Wir Christen freuen uns, dass Jesus Christus nicht im Tod geblieben ist, sondern den Tod überwunden hat.

Baustein 17

Das Feiern der Kirchen in ihren Gottesdiensten nennen wir „Liturgie". Öffentlich, vor allen Menschen, bekennen und feiern wir gemeinsam unseren Glauben an Jesus Christus.

Für die Liturgie sind wir alle wichtig, manche von uns haben eine ganz besondere Aufgabe: Jemand leitet die Feier, jemand anderes liest oder singt etwas vor. Durch das Zusammenwirken von vielen Frauen und Männern, Kindern, Jugendlichen und Erwachsenen wird Liturgie lebendig und schön. Die Liturgie ist eine Feier mit vielen Zeichen und Symbolen, mit Gesang und Musik, mit gemeinsamen Gebeten und Momenten der Stille. Das gemeinsame Feiern hilft uns, dass unser gemeinsamer Glaube lebendig bleibt und wir Jesus Christus nicht vergessen.

Die wichtigste Liturgie unserer Kirche ist die Eucharistie-Feier. Eucharistie ist ein griechisches Wort und bedeutet „Danksagung". Jeden Sonntag sagen wir Gott DANKE in dem Mahl, das uns mit Jesus verbindet.

Jesus hat das Reich Gottes oft mit einem Festmahl verglichen. Er hat immer wieder mit den Menschen ein Mahl gefeiert als Zeichen für das Reich Gottes. Am letzten Abend vor seinem Tod hat er mit seinen Freunden Mahl gehalten. Dabei hat er den Auftrag gegeben, dieses Mahl immer wieder zu begehen, um sein Werk fortzusetzen. Wenn wir Eucharistie feiern, erinnern wir uns ganz intensiv an Jesus und sein Mahl mit seinen Jüngern. Dabei empfangen wir das Brot als Leib Christi. Dieses Brot verbindet uns zu neuer Gemeinschaft. So wird Jesus unter uns lebendig, so sind wir eine Gemeinschaft in seinem Namen.

* Welche Feste der Kirche kennt ihr? Was wird dabei jeweils gefeiert? Wenn ihr Hilfe braucht, schlagt doch mal nach auf Seite 168–175.

* Welches Fest der Kirche ist für dich das schönste?

„All die vielen Menschen, die zum Glauben an Jesus gefunden hatten, waren ein Herz und eine Seele. Niemand von ihnen betrachtete etwas von seinem Besitz als sein persönliches Eigentum; alles, was sie besaßen, gehörte ihnen gemeinsam. Mit großer Kraft und bestätigt durch Wundertaten bezeugten die Apostel Jesus als den auferstandenen Herrn, und für alle sichtbar lag großer Segen auf der ganzen Gemeinde. Es gab unter ihnen niemand, der Not leiden musste."

Nach der Apostelgeschichte 4,32-34

Ein Fest zu Hause feiern

In jeder Liturgie vollziehen wir Rituale. So machen wir zum Beispiel zu Beginn jedes Gottesdienstes ein Kreuzzeichen. Oder wir antworten auf die Gebete, die der Priester oder jemand anderer stellvertretend für alle spricht, mit dem Zuruf „Amen". Dadurch bestätigen wir das, was der Vorbeter gesprochen hat. „Amen" bedeutet so viel wie „Ja, so ist es, so soll es sein".

Ihr könnt euch einmal ganz bewusst Zeit nehmen für eine kleine Feier in eurer Familie, um dadurch Gott zu loben und zu danken. Das kann zum Beispiel so ablaufen:

* Wir versammeln uns alle am Tisch; in die Mitte stellen wir eine Kerze, ein Kreuz und eine (Kinder-)Bibel. Diese Zeichen erinnern uns an Jesus Christus.

* Wir beginnen gemeinsam mit dem Kreuzzeichen und beten dazu: „Im Namen des Vaters und des Sohnes und des Heiligen Geistes. Amen."

* Nun können wir ein Lied singen. Vielleicht ein Lied aus unserer Gemeinde, das wir auswendig singen können, oder aus dem Liederbuch.

* Jemand aus unserer Runde liest nun eine Geschichte aus der Bibel vor.

* Auf die Geschichte aus der Bibel antworten wir mit unserem Gebet. Wir können Gott alles sagen, was uns auf dem Herzen liegt. Wofür wollen wir Gott danken? Um was wollen wir ihn bitten? Vielleicht auch: Welche Sorgen wollen wir Gott anvertrauen?

* Gemeinsam können wir das Vaterunser sprechen (siehe Seite 85). Schön ist, wenn wir uns dazu an den Händen halten. So spüren wir, dass wir als Glaubensgemeinschaft zusammengehören.

* Zum Abschluss können wir ein weiteres Lied singen und uns am Schluss der Feier gegenseitig ein Kreuzzeichen auf die Stirn machen mit dem Segenswunsch: „Gott segne und beschütze dich."

Meine Seite

Meine Seite

Rituale helfen uns, im Alltag an Gott zu denken

* Am Abend könnt ihr vor dem Einschlafen einen „Tagesrückblick" halten und gemeinsam besprechen: Wofür danken wir Gott heute? Worum möchten wir Gott bitten?

* Wenn ihr zum Essen zusammensitzt, könnt ihr euch die Hände reichen und mit einem Gebet Gott dafür danken, zum Beispiel „Guter Gott, wir danken dir für das gute Essen!".

* Wenn jemand von euch aus dem Haus geht, könnt ihr demjenigen ein Kreuzzeichen auf die Stirn machen und dazu beten: „Gott segne und beschütze dich." So könnt ihr euch gegenseitig immer wieder segnen.

Beim Kommunionweg ist es ganz wichtig, dass du die Liturgie der Eucharistie kennenlernst und verstehst. Dabei ist es besonders hilfreich, wenn ihr als Familie immer wieder den Gottesdienst in eurer Gemeinde mitfeiert. Manche Dinge lernen wir am besten, indem wir sie tun und erleben. Auch dieses Familienbuch hilft dir und deinen Eltern weiter. Du findest auf den Seiten 132–159 die Geschichte von Paula; Paula und ihr Opa Gerd können dir helfen, die Eucharistie-Feier besser zu verstehen. Sie erklären dir alles. Lass dich von Paula an die Hand nehmen und entdecke mit ihr, was wir im Gottesdienst an welcher Stelle tun und was das jeweils bedeutet. Und weil in der Eucharistie-Feier immer auch viel gesungen wird, findest du in der Geschichte von Paula viele Lieder, die zum Gottesdienst passen.

* Du kannst alle Lieder auf der CD anhören und mitsingen.

„Tut dies immer wieder, damit unter euch gegenwärtig ist, was ich für euch getan habe."

Nach 1 Korinther 11,24

In unseren Gottesdiensten feiern wir Gott. Im Wortgottesdienst versammeln wir uns, um das Wort Gottes zu hören. Wir bringen alles, was uns bewegt, im Gebet vor Gott. Auf Gottes WORT geben wir unsere ANT-WORT im Bekenntnis unseres Glaubens sowohl im Gebet als auch im alltäglichen Handeln. In der Eucharistie-Feier erinnern wir uns an das Leben, den Tod und die Auferweckung Jesu Christi. Wir loben und danken Gott, dass Jesus Christus uns im Brot des Lebens bleibend nahe ist.

Ein Tag wie kein anderer

Zur Kommunion gehen

Kommunion ist das Fest der Freundschaft und der Vereinigung mit Jesus. Manchmal überlegen wir, wie wir denn überhaupt Gott begegnen können. Im Brot der Kommunion berührt er uns auch innerlich. Er ist ganz nahe zu uns gekommen und macht uns heil. Mit diesem Fest weißt du: Ich gehöre ganz dazu. Ich muss jetzt nicht mehr in der Bank bleiben, während die anderen nach vorne gehen und am Mahl teilnehmen. Ich gehöre ganz dazu, weil ich jetzt gelernt habe, den Gottesdienst tiefer zu verstehen, und weil ich mich innerlich vorbereitet habe für die Freundschaft mit Jesus im Mahl. Ab jetzt bin ich immer eingeladen. Ob ich die Einladung annehme, entscheide ich selbst. Niemand entscheidet für mich, ob ich den Sonntagsgottesdienst mitfeiere. Ich muss selbst entscheiden, was mir wichtig oder unwichtig ist.

Guter Gott,

nun bin ich schon fast am Ziel meiner langen Vorbereitung.

Das Fest meiner Kommunion rückt immer näher.

Hilf uns in der Familie, dass wir aus diesem Fest ein besonderes Ereignis machen, das ich nicht vergesse und das schön für uns alle ist.

Ich möchte dir jetzt schon danken, dass du mich an deinen Tisch lädst und dich mir schenkst.

Amen

Baustein 18

Das Kommunionfest ist ein Fest eurer Familie. Das Kommunionkind steht an diesem Tag im Vordergrund. Hier könnt ihr die Ideen zur Festgestaltung gemeinsam sammeln und euch überlegen: Wie möchtet ihr die Kommunion miteinander feiern? Was möchten alle gerne essen und trinken? Was wollt ihr am Nachmittag dieses Tages gemeinsam unternehmen?

„Euer Herz wird voll Freude sein, und diese Freude kann euch niemand nehmen."

Nach Johannes 16,22

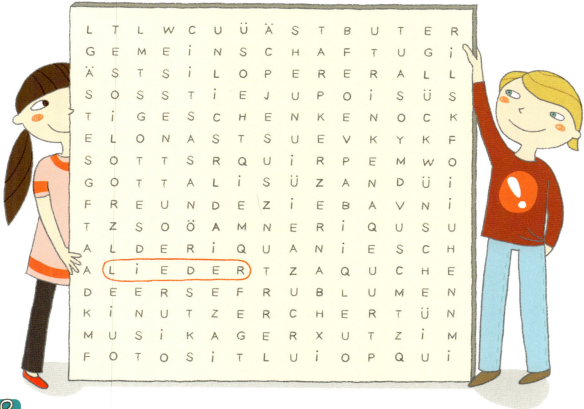

In dem Buchstabenfeld sind 15 Begriffe versteckt, die mit dem Kommuniontag zu tun haben. Ein Begriff ist bereits gefunden. Könnt ihr die restlichen Wörter finden?

Bald ist deine Erstkommunion, ein ganz besonderer Tag. Wie wird dieser Tag ablaufen? Wen hast du eingeladen? Wann beginnt die Erstkommunionfeier in der Kirche? Wo werdet ihr zu Mittag essen? Was werdet ihr am Nachmittag machen? Schreib hier auf, wie dein Erstkommuniontag werden soll.

Mein Erstkommuniontag

Meine Seite

Meine Seite

Guter Gott,
ich freue mich schon sehr auf das Fest meiner Kommunion.
Ich bin neugierig, wie mein Kommuniontag wird.
Hoffentlich kommen viele meiner Verwandten und Freunde mit in die Kirche.
Ich danke dir für die vielen Menschen, die sich gemeinsam mit mir auf die Kommunion vorbereitet haben.
Wir konnten viel über dich erfahren.
Besonders danken möchte ich für:

Amen

Guter Gott, danke, dass du mich an deinen Tisch einlädst.

Die Feier der Kommunion ist ein wichtiger Tag in deinem Leben. Sie ist ein Festtag für dich, deine Familie und die ganze Gemeinde. Ab jetzt bist du in jeder Eucharistie-Feier zum gemeinsamen Mahl eingeladen.

Gemeinde – Miteinander weitergehen

In den letzten Wochen und Monaten habt ihr euch viel Zeit genommen für die Vorbereitung der Kommunion. Diese Vorbereitung war ein Weg, den ihr gemeinsam gegangen seid. Ihr habt über Jesus gesprochen, habt gebetet und gesungen. Ihr habt sehr viel gemeinsam gemacht – zusammen mit anderen Kindern, in der Familie. Und nun?

* Wie könnt ihr auch in Zukunft Zeit haben – für die Familie, für andere Menschen, für Gott?

* Was kommt nach dem Fest? Wie könnt ihr zusammen weitermachen?

* Wie und wo könnt ihr die gemeinsame Zeit so miteinander verbringen, dass sie für jeden Einzelnen wertvolle Zeit ist?

Baustein 19

Herr, in deinen guten Händen

Text und Melodie: Barbara Berger

Ref.: Herr, in deinen guten Händen hältst du fest mein Leben,
du willst Kraft und Zuversicht für den Weg mir geben.

1. Mein Leben ist manchmal nicht schön, nicht immer geht's mir gut,
aber du bist bei mir, das gibt mir wieder Mut!
2. Selbst wenn ich den Mut verlier, schenkst du mir das Vertrau'n: Du
lässt mich nie alleine, auf dich kann ich bau'n!

„Herr, zu wem sonst sollten wir gehen?
Deine Worte bringen das ewige Leben.
Wir glauben und wissen, dass du der bist,
in dem Gott uns begegnet."

Nach Johannes 6,68-69

Guter Gott,
lass uns gemeinsam einen Weg suchen,
wie wir in unserem Leben mehr Zeit
füreinander haben können:
Zeit für wichtige Gespräche miteinander,
Zeit für gemeinsame Mahlzeiten,
Zeit für gemeinsame Feste,
Zeit für gemeinsame Freude,
Zeit für gemeinsame Sorgen,
Zeit für gemeinsames Beten,
Zeit für dich.

Amen

Gemeinschaft

Einsam sind wir klein. Aber in Gemeinschaft miteinander sind wir stark. Wir können gemeinsam Dinge erreichen, die alleine unmöglich wären. Auch ihr habt nun in Gemeinschaft mit anderen Familien das Fest der Kommunion erreicht. Male die kleinen Fische bunt aus und schreibe die Namen deiner Gruppenmitglieder hinein. Was passiert?

Jeder Einzelne ist an seinem Platz wichtig und wird dringend gebraucht. Wenn einer nicht mehr mitmacht und seinen Platz verlässt, fehlt dem Ganzen etwas. Wenn ein Fisch wegschwimmt, fehlt dem großen Gemeinschafts-Fisch ein wichtiges Stück. So ist es auch in den Gruppen, in denen ihr mit anderen zusammen seid. Sobald jemand fehlt, ist die Gruppe eine andere. Dann ist vieles ganz anders. Jede und jeder ist gleich wichtig, auch du und ich. Wir alle sind füreinander wichtig, selbst wenn wir es manchmal gar nicht bemerken.

Wie könnt ihr Kinder und Eltern auch nach dem Kommunionweg eine Gemeinschaft bleiben? Erkundigt euch in eurer Gemeinde, welche Gruppen es gibt – Ministranten, Chor, Familientreffen … Schreibt um den Fisch herum auf, wie ihr in der Zeit nach dem Kommunionweg weiter lebendiger Teil eurer Gemeinde bleiben wollt.

Meine Seite

Meine Seite

Die Gemeinschaft mit Jesus gilt für unser ganzes Leben. Jesus zieht seine Einladung an uns nicht zurück. Als Familie und als Gruppe sind wir Teil dieser großen Gemeinschaft, die Kirche heißt. Die Gemeinschaft hilft uns, die Einladung Gottes immer wieder anzunehmen.

Katholisch – In der ganzen Welt zu Hause

Kofi sitzt alleine auf einer Bank neben dem Spielplatz. Neben ihm lehnt sein neues Fahrrad. Sein Vater hat es ihm letzte Woche gekauft, damit er ein wenig seinen neuen Wohnort erkunden kann. Kofi ist traurig, er denkt an seine Heimat Ghana. Das liegt in Afrika. Weit weg von hier, unerreichbar weit weg. Er würde Monate brauchen, um mit seinem neuen Fahrrad dort anzukommen. Wenn überhaupt. Vor zwei Wochen ist Kofi mit seiner Familie aus Ghana nach Deutschland gezogen. Sein Vater hat hier Arbeit gefunden. Kofi hat sein Zuhause verloren, seine Freunde, seine vertraute Umgebung, den Blick auf das weite Meer. Hier kennt er niemanden und hier versteht ihn niemand. Zu Hause hat er nur ein paar Monate Deutsch gelernt. Gedankenverloren gleitet sein Rosenkranz durch seine Finger. Er hat ihn letztes Jahr von seinem Pfarrer zur Erstkommunion bekommen. „Der ist aber schön", spricht ihn ein Mädchen an. Kofi hat sie gar nicht bemerkt. Irgendwo hat er sie schon einmal gesehen. Er zeigt auf sein neues Fahrrad und stottert: „Ja-das-Fahrrad-ist-schön."

Das Mädchen lächelt und deutet auf seinen Rosenkranz. „Ich meinte eigentlich den schönen Rosenkranz. Wie heißt du?" „Ich-heiße-Kofi. Guten-Tag. Ich-komme-aus-Ghana." „Ich heiße Kathrin und habe dich gestern und letzte Woche in der Kirche bemerkt. Da habe ich ministriert und gesehen, dass du zur Kommunion gegangen bist. Hättest du nicht Lust, zur Ministrantenstunde zu kommen? Das macht echt Spaß, und du könntest dort viele nette Leute kennenlernen." Kofi versteht fast kein Wort, nur „Kathrin", „Kirche" und „Kommunion" – aber er hat ein gutes Gefühl.

> In Peru und Bolivien feiern die Gemeinden schon lange den Kommunionweg als Familienkatechese.

* Habt ihr euch auch schon einmal irgendwo ganz alleine und fremd gefühlt?

* Überlegt gemeinsam in der Familie, wo, wer und was für euch „Heimat" ist.

> In Afrika und Südamerika leben viele Christen in kleinen, selbstorganisierten Gemeinschften. Ein Priester ist dort für riesige Gebiete mit vielen Tausend Christen zuständig.
>
> Unsere Partnerdiözese in Südamerika heißt
> _____ .

Baustein 20

Meine Kirchengemeinde
St. _ _ _ _ _ _ _ _ _ _
Unsere Diözese _ _ _ _ _ _
wird von Bischof _ _ _ _ _
_ _ _ _ _ _ _ _ _ geleitet.

In Taizé (Frankreich) treffen sich das ganze Jahr viele Tausend Jugendliche aus aller Welt, um miteinander zu beten, zu singen und sich über ihren Glauben auszutauschen.

Der Papst, das Oberhaupt der katholischen Kirche, heißt _ _ _ _ _ _ _ _ und lebt in _ _ _ _ _ _ _ .

Sogar in China bereiten sich Kinder mit dem Familienbuch „Gott mit neuen Augen sehen" auf die Erstkommunion vor.

An vielen Urlaubsorten in Europa gibt es während der Ferienzeiten Urlauberseelsorge und -gottesdienste.

Nach Santiago de Compostela führt ein beliebter Pilgerweg, man erkennt ihn am Wegzeichen der Jakobsmuschel.

Jesus hat in _ _ _ _ _ _ _ _ gelebt und ist in _ _ _ _ _ _ _ _ gestorben.

 Die elf Jünger gingen nach Galiläa auf den Berg, zu dem Jesus sie bestellt hatte. Als sie ihn sahen, warfen sie sich vor ihm nieder, doch einige hatten auch Zweifel.

Jesus trat auf sie zu und sagte: „Gott hat mir unbeschränkte Vollmacht im Himmel und auf der Erde gegeben. Darum geht nun zu allen Völkern der Welt und macht die Menschen zu meinen Jüngern und Jüngerinnen! Tauft sie im Namen des Vaters und des Sohnes und des Heiligen Geistes, und lehrt sie, alles zu befolgen, was ich euch aufgetragen habe. Und das sollt ihr wissen: Ich bin immer bei euch, jeden Tag, bis zum Ende der Welt."

Matthäus 28,16-20

Spielanleitung:

Hier kannst du mit deiner Familie und deinen Freunden das Weltkirchenspiel spielen.

Die Regeln sind ganz einfach: Wenn du auf ein farbiges Feld kommst, liest du laut vor, welche Aufgabe zu lösen ist. Immer wenn du eine Frage alleine beantworten kannst, darfst du zwei Felder vorrücken. Du darfst dir auch jemanden aussuchen, der die Frage für dich beantwortet, dann dürft ihr beide jeweils ein Feld vorrücken. Wenn keiner von euch beiden die Frage beantworten kann, rückst du ein Feld zurück. Es darf immer nur eine Spielfigur auf einem Feld stehen. Der Nachrücker muss sich immer hinten anstellen. Jetzt braucht ihr nur noch ein paar Spielfiguren und einen Würfel, dann könnt ihr gleich anfangen.

Meine Seite

Meine Seite

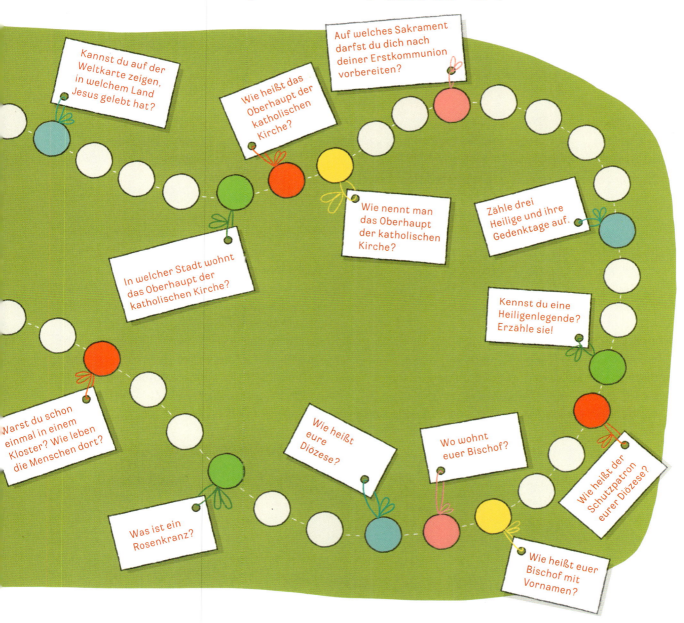

In fast allen Ländern der Erde leben Christen. Die katholische Kirche ist eine weltweite Gemeinschaft. In der Eucharistie-Feier am Sonntag sind wir mit Jesus Christus, mit unseren Verstorbenen und mit unseren Schwestern und Brüdern in der ganzen Welt verbunden.

Der letzte Abend

Morgen früh geht es nach Hause. Eine seltsame Stimmung liegt in der Luft. Einerseits freuen sich die Kinder wieder auf zu Hause. Andererseits sind alle auch ein wenig traurig, dass die Ferienfreizeit schon zu Ende ist. Die Tage sind wie im Flug vergangen. Sie haben so viele schöne Dinge zusammen erlebt und erfahren. Nach dem Abendbrot zeigt Kathrin ihnen, wie man hübsche Freundschaftsbändchen aus farbiger Wolle herstellt. Sie legt ruhige Musik auf, und jeder soll möglichst alleine an einem Platz sitzen und bei der Auswahl der Farben und Muster an die vergangenen Tage miteinander denken. Matteo findet Basteln zwar eigentlich langweilig, aber diesmal strengt er sich ganz besonders an. Sven meint, er hätte sich so eines schon im Spielzeugladen gekauft, das wäre viel besser, weil es aus Plastik sei und sogar im Dunkeln leuchte. Aber dann merkt er selbst, dass es nicht dasselbe ist, ob man sich ein Band im Spielzeugladen kauft oder für jemanden anderen etwas selbst macht und dabei ganz fest an sie oder ihn denkt. Die Mädchen tun sich da etwas leichter. Aber auch sie haben ihre Schwierigkeiten – sie wollen nämlich ganz besonders schöne und komplizierte Muster flechten. Und so verstreicht die Zeit, und es ist schon dunkel geworden. Paula, Gülçin, Sven und Matteo sind ganz in die Arbeit vertieft. Die meisten Kinder sind schon längst fertig und draußen beim Lagerfeuer. Man kann sie von ferne singen und lachen hören. Sven ist als Letzter fertig. Kathrin hilft ihm am Ende noch ein wenig. Etwas abseits vom Lagerfeuer treffen sich die vier Freunde bei ihrer Lieblingsbank.

Entdeckungstour

Matteo: „Da bist du ja endlich, ich dachte schon, du kommst gar nicht mehr raus."

Paula: „Ich bin schon ganz neugierig, wer für wen ein Bändchen geknüpft hat. Aber Matteo hatte die prima Idee, das erst zu verraten, wenn du auch dabei bist."

Sven: „Das ist aber nett von euch. Also, wer fängt an?"

Matteo: „Ich nicht, meine sind nicht so hübsch geworden. Ich kann einfach nicht so gut flechten."

Gülçin: „Also, ich konnte mich zuerst gar nicht entscheiden. Zuerst habe ich natürlich eines für Paula gemacht, aber euch beide finde ich auch total nett, deshalb habe ich auch noch eines für Matteo und für Sven gemacht."

Sven: „Vielen Dank, Gülçin. Das hätte ich nie gedacht. Ich dachte schon, du magst mich nicht, weil ich doch meistens anderer Meinung bin als du. Also ich habe auch drei gemacht. Naja, Kathrin hat mir zum Schluss ein wenig geholfen, sonst säße ich morgen früh noch dran: für dich, Gülçin, für dich, Paula, und natürlich auch eins für Matteo."

Matteo: „Ich werd verrückt. Ich habe auch für jeden von euch ein Bändchen gemacht. Nicht schön, aber selten. So was habe ich nämlich noch nie gemacht. Jetzt bist du dran, Paula – zeig doch mal. Ist nicht so schlimm, wenn du nur Gülçin eins gebastelt hast, dafür ist es bestimmt das schönste von allen."

Paula: „Wollte ich auch zuerst, aber dann ist mir noch was Wichtiges eingefallen."

Sven: „Jetzt bin ich aber gespannt."

Paula: „Eins für dich, eins für dich, eins für dich und eins für Anna, meine Freundin, die nicht mitkommen konnte. Die würde nämlich bestimmt gut zu uns passen. Und eins für Kai, dessen Opa gestorben ist. Wir haben nämlich angefangen, zusammen ein Baumhaus zu bauen. Wenn ihr wollt, könnten wir in den restlichen Ferien doch alle gemeinsam dran bauen."

Wenn du magst, kannst du die Geschichte von Paula, Gülçin, Matteo und Sven weiterschreiben und hier erste Ideen notieren.

129

Viel Dunkles gibt es im Leben.

Wenn Gott aus dem Tod rettet,
wird es Licht.

Offen steht das Tor
in die neue Welt.

Mit Paula auf Entdeckungstour

Paula

Paula habe ich auf dem Spielplatz kennengelernt. Sie hat mir geholfen, als ich mein Fahrradschloss nicht aufbekam. Seitdem reden wir oft miteinander.

Paula singt im Kinderchor unserer Kirchengemeinde. Sie weiß ziemlich viel vom Glauben. Vieles, was sie wissen will, erklärt ihr Opa Gerd. Der kennt sich aus. Er macht manchmal auch Reparaturen in der Kirche.

Ich rede gerne mit Paula über das, was in der Kirche passiert.

Und manchmal gehen wir zusammen zu ihrem Opa. Der hat gesagt, das Wichtigste am Glauben ist die Gemeinschaft und dass wir Gott immer vertrauen dürfen. Wenn viele Menschen sich regelmäßig zum Beten und Feiern treffen, dann muss keiner das Gefühl haben, einsam zu sein. Alle sind eingeladen, wenn die Glocken zum Gottesdienst läuten!

Seit ich Paula kenne, macht der Kommunionweg noch mehr Spaß. Ich kann mit ihr immer über die Sachen reden, die mich interessieren. Und sie glaubt, wie ich, fest daran, dass Jesus unser Freund ist!

Paula kennt tolle Lieder. Bei meiner Erstkommunion möchte ich unbedingt welche davon singen.

Das Lied „Kommunion" erzählt davon, dass wir in der Eucharistie-Feier etwas besonders Wertvolles feiern. Etwas, das Jesus selbst uns geschenkt hat. Er hat seinen Jüngern beim letzten Abendmahl versprochen, dass er immer da sein wird, wenn sie sich an ihn erinnern und Brot und Wein teilen.

Dieses Geheimnis wurde dann von Generation zu Generation weitergegeben. Auch der Opa von Opa Gerd ist damals zur Kommunion gegangen. Und auch dessen Opa ... Spannend, was? – Und heute gehören wir auch schon zu denen, die in dieser großen Gemeinschaft einen festen Platz haben.

Kommunion heißt: Wir feiern Gemeinschaft!

Kommunion heißt: Wir feiern Gemeinschaft

Text und Musik: Norbert M. Becker.

1. Kommunion heißt: Wir feiern Gemeinschaft. Kommunion heißt: Wir feiern ein Glaubensfest. Was Jesus mit den Jüngern gefeiert hat, wird heute wahr. Wunderbar! Ein Glaubensfest, *klatschen* halleluja! Ein Glaubensfest, *klatschen* halleluja!

2. Kommunion heißt: Wir feiern Gemeinschaft. Kommunion heißt: Wir feiern ein Friedensfest. Was Jesus seinen Freunden versprochen hat, wird heute wahr. Wunderbar! Ein Friedensfest, *klatschen* halleluja! Ein Friedensfest, *klatschen* halleluja!

3. Kommunion heißt: Wir feiern Gemeinschaft. Kommunion heißt: Wir feiern ein Hoffnungsfest. Was Jesus allen Menschen verheißen hat, wird heute wahr. Wunderbar! Ein Hoffnungsfest, *klatschen* halleluja! Ein Hoffnungsfest, *klatschen* halleluja!

Das Fest beginnt

Musik und Gesang gehören immer dazu, wenn wir die Eucharistie feiern. Opa Gerd sagt, dass früher nur die Orgel spielen durfte. Aber das ist schon lange her. Wenn Paula im Chor singt, dann spielen andere Kinder noch mit Musikinstrumenten. Ich singe die neuen Lieder sehr gerne. Besonders gut klappt das mit dem Singen, wenn die Leute stehen. Dann bekommen sie besser Luft, sagt Paula. Und wenn alle stehen, ist das auch ein Zeichen der Aufmerksamkeit und der Ehrfurcht in der Kirche.

So beginnt dann auch die Feier: Alle stehen, Musik erklingt, und wir singen. Der Priester und die Ministranten kommen in die Kirche.

Sie kommen aus der Sakristei. Das ist ein Extrazimmer, wo sie sich vor der Messe umziehen können. Opa Gerd hat da mal einen Schrank repariert.

Nach einem feierlichen Einzug werden wir bei meiner Erstkommunion alle zusammen ein Lied singen, das uns auf das große Fest vorbereitet. Beim Singen können alle in der Gemeinde mitmachen. Dann kann die Feier richtig losgehen.

Das Kreuzzeichen

Das Kreuzzeichen, das wir jetzt zusammen machen, erinnert uns an unsere Taufe:
„Im Namen des Vaters und des Sohnes und des Heiligen Geistes" sind wir gesegnet.

Mit jedem Kreuzzeichen erinnern wir uns an dieses Geschenk, das wir von Gott bekommen haben.

Heute feiern wir ein großes Fest

Lied zur Eröffnung. Text und Musik: Norbert M. Becker.

1. Heu - te fei - ern wir ein gro - ßes Fest,
2. Lan - ge freu'n wir uns auf die - sen Tag,
3. Heu - te sin - gen wir für Gott ein Lied,
4. Wir sind mäch - tig stolz und auf - ge - regt,

und al - le fei - ern mit.
und al - le freu'n sich mit.
und al - le sin - gen mit.
und al - le füh - len mit.

Je - sus lädt uns al - le ein. Gäs - te dür - fen wir heut sein. Wir fei - ern ein Fest.

Wir fei - ern ein Fest.

Gott um Erbarmen bitten
„Kyrie eleison" – „Herr, erbarme dich"

Es gibt auch eine kurze Zeit zum Nachdenken. „Besinnung" nennen wir das. Dieser stille Augenblick soll uns helfen, all das nicht zu vergessen, was vielleicht nicht so toll war oder was schiefgegangen ist in unserem Leben. Manchmal sind wir ja auch selbst schuld, wenn es Ärger gibt …

In der Kommunionvorbereitung habe ich gelernt, dass ich Jesus immer alles erzählen darf, was mich bedrückt. Ihm darf ich auch sagen, wenn ich etwas falsch gemacht habe. Er wird mir bestimmt helfen, dass es beim nächsten Mal besser klappt. Wenn wir Jesus alles gesagt haben, was uns beschäftigt, sind wir ganz bereit und aufmerksam für den Gottesdienst.

Erst hab ich immer gedacht, Jesus sollte nur Mitleid mit uns haben. Aber das stimmt so nicht. Mit diesen Worten bitten wir ihn um seine Kraft. Wir vertrauen uns ihm mit unseren Fehlern und Schwächen an. Wir wissen, dass er ein Herz für uns hat und uns zur Seite steht. Und ich finde es richtig gut, dass das alle tun, auch die Erwachsenen, denn bei denen geht auch mal was schief im Leben.

Wenn früher ein Kaiser in die Stadt kam, riefen die Menschen: „Kyrie eleison!" Das heißt auf Deutsch: „Herr, erbarme dich!" Opa Gerd sagt, damit wollen wir zeigen, dass wir uns freuen, dass Gott bei uns ist und dass jemand so Wichtiges auf uns achtgibt.

Im Kommuniongottesdienst werden wir an dieser Stelle ein Lied singen. Es erzählt davon, dass Jesus Licht in unsere Welt gebracht hat und unser Leben schöner und heller machen will.

136

Du hast das Licht in die Welt gebracht

Lied zum Kyrie. Text und Musik: Norbert M. Becker.

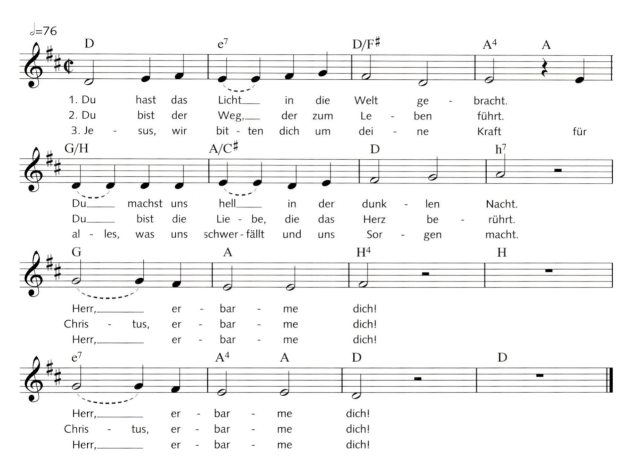

Gott loben und preisen
„Gloria Dei" – „Ehre sei Gott"

Gott ist der Grund dafür, dass wir beten, singen und feiern. Wir nehmen uns Zeit für Gott, für uns selbst und füreinander. Auch wenn es uns manchmal schwerfällt oder etwas Schlimmes passiert ist: Wir dürfen fest daran glauben, dass wir in Gottes Liebe einen Platz haben. Deswegen singen wir an Sonn- und Feiertagen in jeder Eucharistie-Feier Gott ein Loblied.

Das Wort „Gloria" kommt aus der lateinischen Sprache und heißt so viel wie Ruhm und Ehre. Opa Gerd hat uns erklärt, dass das Gloria an den Gesang der Engel erinnert, als sie den Hirten auf dem Feld von der Geburt Jesu berichteten. „Gloria in excelsis deo" hieß das über viele Jahrhunderte im lateinischen Text der Bibel: „Ehre sei Gott in der Höhe." An Weihnachten haben wir diese Geschichte aus der Bibel als Krippenspiel aufgeführt.

Paula wusste, dass es dabei aber nie bleiben darf. „Wenn du anderen hilfst oder dir Zeit für etwas ganz Wichtiges nimmst, dann gibst du damit Gott die Ehre", hatte sie mal gesagt. Vielleicht hat sie mir deswegen damals so schnell geholfen bei der Sache mit dem Fahrrad?

Heute weiß ich: Wer Gott verehrt, der sollte das auch im Leben beweisen.

Davon erzählt das folgende Lied:

Wir loben dich, wir preisen dich

Lied zum Gloria. Text und Musik: Norbert M. Becker.

Das Tagesgebet

In jeder Eucharistie-Feier hören wir Gebete, die in einem dicken Buch stehen: dem Messbuch. Das gibt es in allen Sprachen dieser Welt. Wenn die Gemeinde das Loblied gesungen hat, trägt der Priester für die ganze Gemeinde ein erstes Gebet vor.

Es heißt „Tagesgebet", denn es ist extra für einen Tag, ein Fest oder einen besonderen Anlass geschrieben worden. Der Priester spricht den Text feierlich mit ausgebreiteten Armen, und wir antworten mit dem Wort „Amen!", das heißt so viel wie: „Wir stimmen zu! So soll es sein!"

Halleluja

„Halleluja" ist ein uraltes Wort, mit dem die Menschen Gott loben. Es stammt aus der hebräischen Sprache. Wahrscheinlich hat Jesus selbst es auch gekannt und kräftig mitgesungen, wenn die Gemeinde Gott loben und preisen wollte. „Halleluja" konnte ich schon singen, bevor ich etwas lesen konnte. Im Kindergarten haben wir es eingeübt.

Heute kenne ich schon mehrere Lieder mit „Halleluja". Mit diesem fröhlichen Ruf begrüßen wir bei unserem Gottesdienst Jesus noch einmal extra! Denn wir stellen uns vor, dass er in der Botschaft des Evangeliums zu uns spricht.

Paula hat mir schon verraten, dass wir Kommunionkinder in unserem Gottesdienst mit dem Kinderchor zusammen dazu ein Lied singen werden. Dann werden wir aufstehen und kräftig „Halleluja"singen.

Die Lesung

Sehr unterschiedliche Texte werden bei der Lesung vorgelesen: Texte aus dem Alten Testament, die von der Liebe Gottes zu den Menschen erzählen; aufregende Geschichten, die durch die Kraft Gottes am Ende doch gut ausgehen. Und Ausschnitte aus Briefen, wie sie zum Beispiel der Apostel Paulus an seine Gemeinden geschrieben hat.

Paula findet es toll, dass sie diesen Namen tragen darf. Sie hatte mir mal erzählt, dass Paulus der erste richtige Missionar war! Er hat weite Reisen unternommen, um möglichst vielen Leuten von Jesus zu erzählen!

Halleluja singen wir

Lied zum Halleluja. Text und Musik: Norbert M. Becker.

Das Evangelium – „Frohe Botschaft"

In meiner Kinderbibel habe ich ein Bild entdeckt, auf dem viele Menschen mit Jesus zusammensitzen und ihm zuhören. Das hätte ich auch gerne erlebt. Das war für die Leute bestimmt total spannend.

Paula und ich wissen, dass Jesus viele Geschichten kannte. Die hat er den Leuten erzählt und sie damit zum Nachdenken gebracht. Opa Gerd sagt übrigens immer, dass es auf der Welt noch viel schöner wäre, wenn alle Leute immer zuerst nachdenken würden über das, was sie sagen und tun.

Vieles, was Jesus gesagt und getan hat, wissen wir nur deswegen, weil andere es aufgeschrieben haben. Das war ihnen so wichtig, dass sie es nicht vergessen wollten. Und weil die das damals aufgeschrieben haben, können wir es heute noch nachlesen. So wissen wir, was die Menschen mit Jesus erlebt haben.

Von Paula weiß ich, dass die Geschichten alle übersetzt werden mussten. Sie waren erst in griechischer und später in lateinischer Sprache aufgeschrieben. Toll, dass es Leute gibt, die so etwas können!

„Evangelium" heißt übersetzt „Frohe Botschaft", und in einer Eucharistie-Feier werden diese Worte von einem Diakon oder Priester vorgelesen. Das ist deren besondere Aufgabe. Wir bleiben nach dem Halleluja-Gesang einfach stehen und hören aufmerksam zu: Denn es ist fast so, wie wenn Jesus selbst zu uns sprechen würde!

Das Glaubensbekenntnis
„Credo" – „Ich glaube"

Die Predigt

Zur Predigt dürfen wir uns alle wieder hinsetzen. Das ist bequemer, und wir können besser zuhören. Wer predigt, macht sich davor viele Gedanken. Wir erfahren dann mit neuen Worten, was uns Jesus heute sagen will. Vor ein paar Wochen durften wir Kinder auch etwas sagen. Der Pfarrer hat einfach nach unserer Meinung gefragt; das fand ich stark!

Und weil Paula sich getraut hat, eine Antwort zu geben, hatte ich auch den Mut dazu. Es war ganz schön aufregend, in das Mikrofon zu sprechen. Aber der Priester ist manchmal auch aufgeregt. Das weiß Paula von Opa Gerd.

Paula weiß von Opa Gerd, dass es bei den Christen früher oft Streit gab: Jeder hatte eine andere Meinung, wie man sich Gott vorstellen sollte. Gott können wir nicht sehen. Aber wir können spüren, dass er da ist. Opa Gerd hat uns erzählt, dass vor vielen Hundert Jahren die Menschen aufgeschrieben haben, an was sie glauben. Diese Worte beten wir heute als „Glaubensbekenntnis": Wir sagen laut und öffentlich, dass wir an Gott glauben. Damit zeigen wir auch, dass wir Christen zusammengehören.

Die Fürbitten

Wenn wir in der Kommuniongruppe zusammen beten, dann dauert es immer eine Weile, bis alle still sind. Aber dann kann ich richtig spüren, dass alle bei der Sache sind. Letzte Woche hat Benni erzählt, dass sein kleiner Bruder gestürzt ist und sich sehr wehgetan hat. Er musste sogar ins Krankenhaus. Da haben wir alle fest an den kleinen Thomas gedacht. Die Gruppenleiterin Frau Berger hat dann ganz ruhig ein Gebet gesprochen, und ich hatte das Gefühl, dass wir damit ein bisschen helfen konnten beim Gesundwerden.

Genau so etwas machen wir auch in der Eucharistie-Feier. Wir nennen diese Gebete Fürbitten. Paula hat mir auch schon ein Buch gezeigt, wo Kirchenbesucher eigene Gebete reinschreiben können. Es liegt in einer Seitenkapelle versteckt. „Damit nicht jeder neugierig schaut, wenn ein anderer sein Gebet schreibt", sagt Paula. „Beten ist manchmal auch etwas sehr Persönliches."

Einmal in der Woche liest der Pfarrer beim Gottesdienst aus dem Buch vor und bittet die Gemeinde, mit ihm in all diesen Anliegen zu beten. Ich finde das gar nicht so schlecht. Die Sorgen anderer Leute sollen uns eben nicht egal sein.

In unserem Erstkommunion-Gottesdienst darf ich auch eine Fürbitte vorlesen. Hoffentlich mache ich keinen Fehler!

Paula sagt, ich soll keine Angst haben. Sie hat mir schon fest versprochen, dass sie mit mir üben wird. Wir spielen das dann vorher durch, hinterm Haus, im Schuppen.

Jedes Mal, wenn eines von uns Kindern eine Bitte vorgelesen hat, singen alle ein kleines Lied, das das Gebet unterstreicht. Das Lied erzählt davon, dass wir fest an Gottes Hilfe glauben. Paula sagt: „Wir können Gott helfen. Er wird uns bestimmt die Kraft geben, etwas zu verändern und anderen zu helfen!"

Höre unser Gebet, guter Gott

Liedruf zu den Fürbitten. Text und Musik: Norbert M. Becker.

Höre unser Gebet, guter Gott! Höre die Bitten und Klagen! Wir glauben, dass du uns helfen kannst, die Welt zu verändern, das Leid zu tragen, Gutes zu tun und Neues zu wagen.

Die Gaben: Brot und Wein

Im Gottesdienst denken wir daran, dass Jesus am Kreuz gestorben und dass er an Ostern vom Tod auferstanden ist. Gott hat ihn nicht im Tod gelassen. So sind wir Menschen ebenfalls vom Tod befreit.

Paula sagt, dass alle Menschen, die schon gestorben sind, in unserem Herzen weiterleben. Opa Gerd zum Beispiel denkt immer an Oma Monika. Die ist vor zwei Jahren gestorben, aber Opa Gerd erzählt immer ganz viel von ihr. Paula hat auch noch einen Schal, den ihre Oma mal für sie gestrickt hat; sie wird ihre Oma nie vergessen.

Beim letzten Abendmahl hat Jesus auch ein Zeichen gesetzt, damit seine Freundinnen und Freunde sich immer an ihn erinnern: Er hat mit ihnen Brot und Wein geteilt, gegessen und getrunken. Es war damals ein Fest, an das wir uns auch heute noch erinnern.

Im Gottesdienst werden Brot und Wein von den Ministranten zum Altar gebracht. Das Brot sieht komisch aus – gar nicht wie das vom Bäcker. Opa Gerd hat uns erzählt, dass die kleinen Brotscheiben extra in einem Kloster gebacken werden. „Hostien" nennen wir sie, auch der Wein kommt von einem besonderen Winzer.

Im Kommunionunterricht haben wir ein Mahl mit Traubensaft und richtigem Brot gehalten. Das Brot haben wir vorher selbst gemacht: Wir haben Getreide gekauft, die Körner mit Steinen gemahlen und anschließend das Brot in einem Ofen gebacken. Paula hat mir erklärt, dass das Brot ein Zeichen ist. Es zeigt uns, dass wir Menschen viel von Gott geschenkt bekommen, aber auch etwas dafür tun müssen. Die Ähren wachsen von alleine, aber damit man ein Brot daraus backen kann, müssen wir uns selbst anstrengen.

Auch wenn ich noch nicht alles verstehe, eins weiß ich: In den Gaben von Brot und Wein ist Gott uns ganz nahe!

Wir bringen das Brot, wir bringen den Wein

Lied zur Gabenbereitung. Text und Musik: Norbert M. Becker.

Du bist so fern, du bist so nah

Lied zur Gabenbereitung. Text und Musik: Norbert M. Becker.

Das Gabengebet

Wenn Brot und Wein auf dem Altar stehen, spricht der Priester wieder ein Gebet. Er dankt dafür, dass wir Menschen durch Gottes Hilfe etwas zu essen haben und dass wir gemeinsam feiern dürfen.

Als ich mal bei Paula zu Hause war, haben wir auch vor dem Essen gebetet. Paulas Mama hat damals für uns alle gesprochen. Und ich hatte ein gutes Gefühl, vor dem Essen „Danke!" zu sagen.

Das Hochgebet

Jetzt kommt ein ganz schön langes Gebet – das „Hochgebet". Am Anfang stehen wir, und dann knien wir uns hin. Früher kam mir an dieser Stelle der Gottesdienst immer ziemlich langweilig vor. Aber Paula hat mir erklärt, was in diesem Gebet alles passiert.

Jetzt höre ich immer aufmerksam zu.

Manchmal dürfen wir beim Hochgebet mit dem Priester in einem großen Kreis um den Altar stehen. Das ist toll, denn dann sehen wir genau, was er macht, und wir können gut zuhören.

Am Anfang des „Hochgebets" gibt es ein besonderes Lied. Opa Gerd sagt immer: „Wer singt, betet doppelt!" Und das stimmt: Immer, wenn es im Gottesdienst besonders wichtig wird, singen wir zusammen.

„Heilig, Heilig, Heilig!" – „Sanctus"

Es gibt Gebete und Lieder mit einer sehr langen Geschichte. Viele Generationen vor unserer Zeit wurden sie schon gesprochen oder gesungen. Wenn ich daran denke, bekomme ich immer ein ganz tolles Gefühl: Wir haben etwas geerbt über viele Hundert Jahre hinweg!

Die Sache mit dem „Heilig" hat Opa Gerd gleich gewusst, als wir ihn gefragt haben. In der Bibel wird eine Vision erzählt, wo Engel vor Gott stehen und ihm „heilig, heilig, heilig" zurufen.

Das haben sich die Leute zum Vorbild genommen und die Worte für den Gottesdienst genutzt. Sie wollten Gott genauso ehren, wie sie es in der Heiligen Schrift gelernt hatten.

Nach dem Lied knien wir uns hin. Opa Gerd hat uns erzählt, dass er damals auch vor Oma Monika gekniet hat: Als er sie gefragt hat, ob sie ihn heiraten möchte. Ganz schön romantisch, was?

Wer sich hinkniet, macht sich klein und zeigt damit, dass der andere in diesem Moment viel wichtiger ist.

Von Paula weiß ich, dass das Hochgebet etwas besonders Wichtiges ist. Der Priester erzählt nämlich, wie Jesus das letzte Abendmahl gefeiert hat. Er spricht die Worte, die Jesus damals gesagt hat. Danach betet er, dass Gott auch in Zukunft bei uns sein soll.

Im Hochgebet beten wir für alle Menschen. Auch für die Menschen, die schon gestorben sind. Vor ein paar Wochen haben wir für Paulas Oma gebetet.

Opa Gerd hat gesagt, dass er keine Angst vor dem Tod hat, weil Gott dafür gesorgt hat, dass der Tod nicht das Ende ist. An Ostern hat er Jesus auferweckt. Die Freunde von Jesus haben verstanden, dass seine Kreuzigung nicht das Ende war. Das feiern wir noch heute in jedem Gottesdienst.

Heilig

Lied zum Sanctus. Text und Musik: Norbert M. Becker.

Vaterunser

Damals haben die Menschen Jesus gefragt, wie man denn beten soll. Jesus hat dann das „Vaterunser" gebetet. Das steht so in der Bibel – Paula hat es mir mal gezeigt. Ist doch super, dass wir genauso beten, wie Jesus das damals auch getan hat. Opa Gerd hat gesagt, es ist wichtiger, einmal ganz bei der Sache zu sein als viele Worte zu machen. Wenn wir mit Gott sprechen, brauchen wir gar nicht alles ganz genau aufzuzählen. Gott kennt uns ja genau. Es reicht, wenn wir das „Vaterunser" gemeinsam beten, damit ist eigentlich alles gesagt. Das „Vaterunser" habe ich schon im Kindergarten gelernt.

Der Friedensgruß

Fast jeden Tag hören wir von Krieg und Gewalt. Fast jeden Tag hören wir von Menschen, denen schlimme Sachen passieren. Manchmal gibt es das auch in unserer Umgebung. Noch vor Kurzem gab es Streit in unserer Klasse. Das hat mich sehr traurig gemacht.

Gott möchte aber, dass wir in Frieden miteinander leben. Von Jesus wissen wir, dass er seinen Freundinnen und Freunden oft den Frieden gewünscht hat. Das haben die Jünger sich damals gut gemerkt und deswegen seinen Gruß beibehalten. Deswegen tun wir das auch in der Eucharistie-Feier.

Vom Altar aus erinnert der Priester an Gedanken der Versöhnung und des Friedens, und dann wünscht er der Gemeinde den Frieden. Sein Wunsch ist ein Wunsch im Auftrag Jesu: „Der Friede des Herrn sei mit euch." Alle sind eingeladen, sich ein Zeichen des Friedens zu geben. Wenn Menschen sich den Frieden wünschen, zeigen sie, dass sie sich achten und zueinander gehören.

Ich freue mich schon riesig darauf, wenn ich am Tag meiner Erstkommunion von unserem Pfarrer den Friedensgruß bekomme und dann zu meiner Familie gehen darf. Ich habe schon mit Paula überlegt, was ich ihnen Schönes sagen könnte, damit sie sich freuen. Und vorher werden wir zusammen ein Lied singen!

Wir reichen uns die Hände

2-stimmiger Kanon zum Friedensgruß. Text und Musik: Norbert M. Becker.

Lamm Gottes – „Agnus Dei"

In der Schule haben wir gehört, wie Jesus damals verhaftet wurde. Obwohl er vorher gewusst hat, dass man ihn gefangen nehmen wollte, ist er nicht weggerannt. Ganz schön mutig. Aber er hat bestimmt gewusst, dass er nur so erreicht, dass alle Menschen auf der Welt noch heute von ihm erzählen.

Paula hat gesagt, das hat er nur für uns gemacht. Für uns Menschen ist er gestorben. Fast wie damals ein Opferlamm im Tempel. Da wurden nämlich Lämmer geschlachtet, weil die Menschen Gott mit diesen Tieren etwas besonders Wertvolles schenken wollten.

Deshalb beten oder singen wir heute noch einen ganz alten Text: „Lamm Gottes, du nimmst hinweg die Sünde der Welt!"

Auch wenn wir manchmal etwas falsch machen: Jesus ist trotzdem unser Freund. Nachdem wir uns im Friedensgruß die Hand gegeben haben, singen wir jetzt ein Lied, weil Jesus alles wegnimmt, was uns bedrückt.

Lamm Gottes

Lied zum Agnus Dei. Text: Liturgie. Musik: Norbert M. Becker.

Herr, ich bin nicht würdig ...

Nach dem Lied zeigt der Priester der Gemeinde noch einmal das heilige Brot, und wir erinnern uns daran, wie groß die Kraft Jesu auch heute noch ist, um das Leben zum Guten zu wandeln.

Es gibt Leute, die machen mehr für andere, als sie müssen. Sie helfen und tun Gutes, ohne daran etwas zu verdienen. Jesus hat auch so gehandelt. Er hat gelehrt, geholfen, geheilt, getröstet ... und manchmal hat er auch in einem Wunder bewiesen, wie großzügig und stark Gott ist.

An so ein Wunder erinnern wir uns in jeder Eucharistie-Feier. Paula hat mich darauf aufmerksam gemacht. Früher habe ich die Worte nur so mitgesprochen. Jetzt weiß ich, woher sie kommen:

Ein Hauptmann hat Jesus damals gebeten, seinen kranken Diener zu heilen. Und der Glaube von diesem Mann war so groß, dass er zu Jesus sagte: „Herr, ich bin es nicht wert, dass du mein Haus betrittst; aber sprich nur ein Wort, dann wird mein Diener gesund." Daraufhin war der Diener wieder gesund. So ist das im Evangelium nach Lukas und Matthäus aufgeschrieben.

Im Gottesdienst beten wir bis heute ähnlich: „Herr, ich bin nicht würdig, dass du eingehst unter mein Dach, aber sprich nur ein Wort, so wird meine Seele gesund."

Die Kommunion

Jetzt ist es endlich so weit: Das heilige Brot wird ausgeteilt. Wir dürfen wie alle anderen die Hände ausstrecken. Es ist bestimmt ein tolles Gefühl, wenn ich weiß, dass Jesus mir ganz nahe ist. Ich werde ihm in Gedanken alles erzählen, was mir wichtig ist. Ich hab mir auch schon überlegt, dass ich für ein paar Sachen „Danke" sagen werde, zum Beispiel dafür, dass ich Paula kennengelernt habe.

Das Dankgebet

Am Ende des Gottesdienstes spricht der Priester ein feierliches Gebet. Darin sagt er „Danke" für unser gemeinsames Mahl und unsere Feier. Außerdem fasst er alles zusammen, wofür wir während der Kommunion gebetet haben und woran wir gedacht haben.

Danke!

Wenn ein Fest zu Ende geht, sollte man „Danke" sagen. Natürlich allen, die mitgeholfen haben, aber vor allem dem Gastgeber. Im Gottesdienst hat Gott uns eingeladen, und weil wir Zeit mit ihm verbracht haben, haben wir ihn auch etwas besser kennengelernt.

Paula kenne ich jetzt auch schon ziemlich gut, denn wir haben schon viel miteinander unternommen. Wir verstehen uns blind und denken oft an die gleichen Dinge. Das fühle ich.

Und ich weiß, dass ich mich auf sie verlassen kann, denn sie hat mir schon oft geholfen, ohne etwas dafür zu verlangen. Wie damals, als ich mein Fahrradschloss nicht aufbekommen habe.

Auch Gott habe ich besser kennengelernt. Ich habe schon viele Geschichten von ihm gehört. Und ich habe schon oft im Gottesdienst gebetet. Natürlich ist nicht immer alles in Erfüllung gegangen, worum ich ihn gebeten habe. Aber ich weiß, dass er alles gehört hat und dass er weiß, was mich beschäftigt. Und das macht mir Mut, weil ich nicht alleine bin.

Jesus, wir danken dir

Danklied. Text und Musik: Norbert M. Becker.

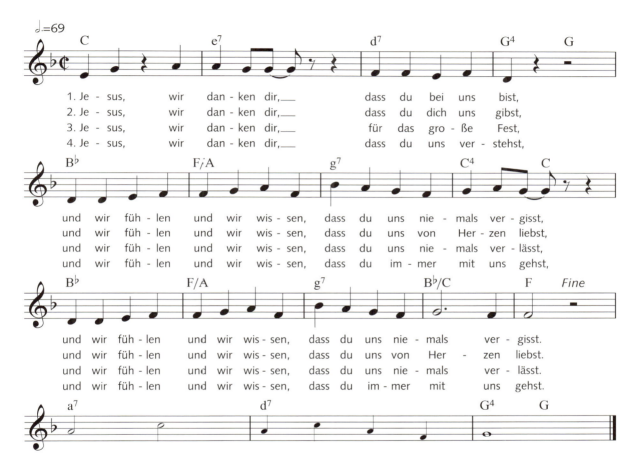

Gesegnet werden – gesegnet sein

Opa Gerd sagte einmal: „Gottesdienst ist wie ein Geschenk. Man muss nichts dafür tun, und Gott gibt einem ein bisschen Kraft. Er begleitet uns auch, wenn wir nicht mehr in der Kirche sind." Opa Gerd denkt oft an Gott. Er betet morgens, schickt manchmal ein Stoßgebet in den Himmel und dankt Gott abends vor dem Schlafengehen für alles, was er erlebt hat.

Paula sagt, Gottesdienst ist mehr als ein Kinofilm. Wenn wir zum Beispiel aus dem Kino kommen, reden wir über den Film, und schon bald haben wir die Handlung vergessen. Unser Alltag ist wieder wichtiger. Paula hat mir erklärt, dass alles, was wir im Gottesdienst feiern, auch für unser Leben wichtig ist.

Am Ende des Gottesdienstes werden wir deshalb gesegnet. Das ist ein Zeichen dafür, dass wir auch im Alltag mit Jesus verbunden sind und auch untereinander. Wenn ich in der Schule bin, spiele ich oft mit den Kindern aus der Parallelklasse, weil sie auch im Kinderchor sind. Irgendwie gehören wir zusammen, … ein gutes Gefühl! Davon erzählt auch das nächste Lied.

Gesegnet und beschenkt

Schlusslied. Text und Musik: Norbert M. Becker.

Mein Kommunionweg

Kommunion ist ein wunderbares Fest. Wir sind miteinander, mit Jesus und mit Gott unterwegs: ein Grund zu feiern!

Schreibe oder male auf/um den Weg wichtige Stationen deines Kommunionweges. Klebe hier Fotos von deiner Feier ein. Vielleicht auch die Gästeliste, die Speisekarte …

Was ist deine schönste Erinnerung an diesen Tag?

Meine feierliche Erstkommunion

fand statt am _____

in der Kirche _____

mit Pfarrer _____

Firmung

Hier kannst du Gott Danke sagen:

Guter Gott...

Suche nach dem Geheimnis
unseres Lebens.

Ein Schatz zeigt sich.

Licht, das uns aufleuchtet
in der Sehnsucht nach Leben.

Gottes Liebe ist der Schatz
unseres Lebens.

Berührungen mit Gott

Das Geheimnis unseres Lebens erspüren

Eltern und Kinder können auf dem Kommunionweg viel vom Geheimnis des Glaubens verstehen, indem sie sich mit offenen Herzen und wachen Sinnen auf die Gemeinschaft untereinander und die Beziehung mit Gott einlassen.

Der innerste Raum

Alle Menschen haben eine innere Mitte. In jedem Menschen gibt es einen innersten Raum, einen ganz persönlichen, intimen Bereich, zu dem nur Gott Zutritt hat. Aber viele Menschen ignorieren das Vorhandensein dieses innersten Raumes und fürchten dort nur Leere. Selbst die tiefste menschliche Liebe dringt niemals in diesen Bereich vor. Gott ist es, der diesen Raum ausfüllen will. Er wohnt jedoch tiefer als unser Gewissen und unsere Träume.

Vielleicht kennen Sie dieses innerste Gefühl in sich und das tiefe Wissen in Ihrem Innern, dass es einen Gefährten gibt, der uns von Geburt an begleitet. In den Tiefen unserer Person, in diesem intimsten Bereich ist der Raum, in dem Gott wohnt. Gott ist immer schon da in unserem Leben. Dieser innerste Raum füllt sich immer dann ein wenig mehr, wenn wir uns bewusst auf die Beziehung zu Gott einlassen. Auch in unserem Alltag ist dafür Raum und Zeit. Die Beziehung Gottes mit uns wird uns umso bewusster, je mehr wir uns öffnen und versuchen, mit dem Herzen zu sehen, zu hören und zu handeln.

Überlegen Sie miteinander in der Familie, wie Sie Ihren Alltag bewusst so gestalten können, dass Zeit und Raum entsteht für Stille, Betrachtung, Staunen, Achtsamkeit, Inspiration und Irritation durch die Heilige Schrift sowie das Gebet.

Begegnung mit Gott in Jesus Christus

Sie als Eltern können mit Ihrem Kind während des Kommunionweges die Symbole Ihrer Kirche tiefer verstehen und kennenlernen: den Altartisch, die Kerzen, den Tabernakel (Aufbewahrungsort für das eucharistische Brot), das Kreuz, den Ambo (Vorlesepult). In Eucharistie-Feiern und anderen Gottesdienstformen, sowohl im Kreis Ihrer Gruppe als auch in der Gemeinschaft der ganzen Gemeinde, können Sie Schritt für Schritt die Vielfalt feierlicher Rituale und Symbole von innen heraus verstehen lernen. Sie können die Stille einer Kirche erfahren. Minuten des Schweigens und der Ruhe im Gottesdienst sind wesentliche Elemente einer Hinführung zum Geheimnis Gottes. Dies ist heute umso wichtiger, als die Beschleunigung unseres Alltags immer mehr einen Gegenpol der Ruhe benötigt. Es tut ganz einfach gut, mit Langsamkeit in die Vollzüge der Gottesdienste hineinzugehen und dabei eine andere Dimension unseres Lebens zu spüren. Insbesondere die Eucharistie-Feier ist eine Zeit der Begegnung mit Jesus Christus: Begegnung im Wort und in Zeichen, in gemeinsamen Gesten und Riten, in Gebeten und Gesängen, im Dank und im Lobpreis.

Als Eltern entscheiden Sie wesentlich mit, ob Ihr Kind die Erfahrung mit der Eucharistie-Feier in regelmäßigen Abständen machen kann oder nicht. Die Gestaltung des Sonntags hängt davon ab, was Ihnen für sich selbst und für Ihr Kind wichtig ist. Sie finden in diesem Buch die Geschichte von Paula. Eine Geschichte, die Ihnen helfen kann, gemeinsam das Geheimnis der Eucharistie-Feier noch genauer zu verstehen (Seite 132ff.).

Leben in der Gottesbeziehung deuten und feiern – Das Kirchenjahr

Geheimnisse entdecken wir Menschen nicht nur, wenn wir über sie sprechen. Geheimnisse können wir im eigenen Leben erfahren und erspüren. Manche Geheimnisse können wir am besten verstehen, wenn wir sie immer wieder feiern. Das Kirchenjahr mit seinem vielfältigen Brauchtum hilft uns dabei als Familie und vernetzt uns mit der Gemeinschaft aller Glaubenden in unserer Gemeinde und auf der ganzen Welt. Hier finden wir einen heilsamen Halt und Orientierung inmitten der vielfältigen Herausforderungen unseres Familienlebens. Die folgenden Seiten halten dazu einige Anregungen für Sie bereit.

Als Familie die Feste im Jahreskreis neu verstehen

Berührungen in der Heiligen Nacht – Weihnachten

Die Geschenke zu Weihnachten, die wir uns gegenseitig liebevoll schenken, können sehr wohl mit dem Geheimnis dieser Nacht zu tun haben. Auch wenn es Ihnen der alljährliche Weihnachtsrummel oft erschwert, zwischen dem Geschenk Gottes an uns Menschen – nämlich Jesus Christus – und den Geschenken, die wir einander machen, einen inneren Zusammenhang zu entdecken: Hilflos ausgeliefert sind Sie der Glitzerwelt der Einkaufsstraßen dennoch nicht. Sie können in Ihrer Familie eine Gegenbewegung entwickeln und gemeinsam den eigentlichen Sinn des Festes suchen und feiern.

Das in der Krippe liegende Kind hat nichts mit pompösen Fernsehshows oder romantischen Winterstimmungen zu tun. Gott macht Karriere – allerdings nach unten: hinein in die unscheinbare Situation in einem Stall, weitab von Glanz und Glitzer, Reichtum und Macht. All das, was Ihrer Familie als schwere Pakete mit ins Leben gegeben ist, können Sie an der Krippe ablegen. Später wird dieser Jesus zu den Menschen sagen: „Kommt alle zu mir; ich will euch die Last abnehmen. Stellt euch unter meinen Schutz und lernt bei mir, dann findet euer Leben Erfüllung" (nach Matthäus 11,28-29).

In der Vorbereitung auf dieses Fest kann es manchmal wichtiger sein, weniger zu tun als zu viel. Wenn Feiertags-Stress entsteht, entzünden sich unnötige Konflikte, Enttäuschungen oder Einsamkeit. In der Familie ist es wichtig, das Fest gemeinsam in Ruhe und Gelassenheit vorzubereiten, möglichst alle zu beteiligen und Kinder auch schon in die Verantwortung für die Vorbereitung und Gestaltung einzubeziehen.

Ebenso wichtig ist, dieses Fest und sich selbst nicht zu überfordern und alle unerfüllten Wünsche und Sehnsüchte eines ganzen Jahres in die Feier dieser Stunden und Tage hineinzupressen.

Weihnachten in Ihrer Familie als Fest des Glaubens und der Berührung mit dem Kind in der Krippe zu feiern, ist nicht schwierig. Die Familie kann sich um die Krippe versammeln und das Evangelium, die Frohe Botschaft dieser Nacht (Lukas 2,1-20), lesen – die Erzählung über die Geburt Jesu. Sie können gemeinsam mit Ihren Kindern zum Kind in der Krippe beten – für Ihre Freundinnen und Freunde, die Großmutter und den Großvater, für die Kinder in den Krankenhäusern und Elendsvierteln dieser Erde ... In manchen Familien darf eines der Kinder zuvor die Jesusfigur in die Krippe legen, ein anderes Kind die Kerze vor der Krippe entzünden. Gemeinsam schweigend in das Licht schauen und dann zusammen die Kerzen des Weihnachtsbaumes anzünden, ist eine Erfahrung, die Ihnen und Ihren Kindern unvergesslich bleiben wird.

Am Beginn dieser großartigen Liebesgeschichte Gottes mit uns Menschen steht Maria, die sich nicht fürchtet, ihr Leben von Gott verwandeln zu lassen. Von der Geburt bis zum Tod und der Auferstehung ihres Sohnes mutet Gott Maria Dinge zu, die für viele Menschen bis heute unglaublich und unerträglich erscheinen.

Ihr Glaubenszeugnis strahlt durch die Geschichte hindurch und schenkt uns Mut, Kraft und Trost, wenn wir beten:

Gegrüßet seist du, Maria,

voll der Gnade,

der Herr ist mit dir.

Du bist gebenedeit (gesegnet) unter den Frauen,

und gebenedeit (gesegnet) ist die Frucht deines Leibes, Jesus.

Heilige Maria, Mutter Gottes,

bitte für uns Sünder

jetzt und in der Stunde unseres Todes.

Amen

Berührungen mit dem Leiden, Sterben und Auferstehen Jesu

Der Einzug Jesu in Jerusalem, den wir am Palmsonntag feiern, ist Auftakt der leidvollen Zeit bis zu Jesu Tod, den wir am Karfreitag bedenken. Die Karwoche kann eine Chance für Sie sein, sich mit Ihrer eigenen Leidens- und Kränkungsgeschichte auseinanderzusetzen und dadurch Heilung und Erlösung zu erfahren. Die schrittweise Gestaltung eines „Kirchenjahrestischs" kann Ihnen diese besondere Zeit im Familienalltag bewusst halten

(z.B. Palmsonntag: Palmbuschen/Palmsträuße/Palmzweige; Gründonnerstag: Teller mit einem Stück Brot, Becher, Wasserschale mit Handtuch; Karfreitag: ein schwarzes Tuch mit einem Kreuz; Karsamstag: gemeinsame Gestaltung einer Osterkerze; Ostersonntag: Osterkerze hinstellen – und alles während der Osterfestzeit bis Pfingsten stehen lassen).

Ein anderer König – Palmsonntag

Regional gibt es verschiedene Bräuche, den Palmsonntag zu feiern: Mit Ihrem Kind können Sie einen Palmzweig oder eine Palmstange binden

und vielleicht als eigene Gruppe von Kommunionfamilien bei der Palmprozession die Liturgie der Gemeinde mitfeiern.

Das Abschiedsmahl Jesu – Gründonnerstag

Wenn Sie mit Ihrem Kind die Geste der Fußwaschung im Gottesdienst am Gründonnerstag erleben, kann Ihnen aufgehen, dass Jesus Christus auch Ihr Diener ist, der sein Leben selbstlos hingibt. Auf dem Kommunionweg ist er uns nahe. Er begleitet unser Leben, heilt unsere Wunden und rettet uns aus der Ausweglosigkeit und dem Tod; er selbst geht durch die Leiden dieser Zeit und den Tod hindurch, ihm ist nichts fremd. Wahrscheinlich haben Sie früher einmal gelernt, dass Christen am Sonntag in den Gottesdienst gehen, um „Gott zu dienen". Eigentlich ist es aber gerade

umgekehrt: Gott dient uns im Gottesdienst. Er ragt herein in unsere Welt – mit seinem Licht in die Dunkelheit, mit seinem Gemeinschaftsmahl in die Einsamkeit, mit seiner Vergebung in unsere Schuld.

In Ihrer Familie zu Hause kann der Gründonnerstag ein bedeutsamer Abend im Jahr sein, an dem Sie nach dem Gottesdienst auch zu Hause gemeinsam essen und trinken. So können Sie für sich und Ihr Kind in der Vorbereitung auf die Kommunion die Bedeutung des gemeinsamen Mahlhaltens vertiefen.

Karfreitag

Als Familie können Sie am Karfreitag einen Kinderkreuzweg mitfeiern und mitgestalten. Auch für Kinder ist der Karfreitag nicht auszusparen. Ihnen die Augen zu öffnen für den Abschied im Tod gehört auch zum Kommunionweg, wenn er nicht von den konkreten Realitäten unserer Welt abgehoben sein will. Abschiede zu verstehen ist wichtig! Sprechen Sie an diesem Tag in Ihrer Familie darüber.

Aus der Dunkelheit ins Licht – Ostern

Wenn Sie die Möglichkeit haben, mit Ihrem Kind die Feier der Osternacht gemeinsam zu erleben, dann ist dies für Ihr Kind eine einmalige Chance, etwas von dem Geheimnis der Kommunion zu begreifen: Wandlung und Verwandlung aus dem Tod hinein in die neue Welt Gottes. Gott rettet seinen Sohn Jesus Christus und damit auch Sie und Ihr Kind aus dem Tod. Der Tod ist unausweichlich, aber er hat nicht das letzte Wort.

Sie können als Familie das Licht der Osternacht aus der Kirche nach Hause tragen. Die Kerze Ihrer Familie können Sie an der Osterkerze Ihrer Gemeinde entzünden. Besonders in der Osterzeit können Sie dieses Licht bei den Mahlzeiten in die Mitte stellen.

Berührungen mit dem Geist Gottes – Pfingsten

Sie können sich als Eltern die Frage stellen: Welcher Geist treibt mich? Was treibt mich um? Was treibt mich an? Ist es der Geist der Freiheit, der mich treibt? Oder ist es der Geist von Zwängen, der sein Unwesen in mir treibt? Der Geist meiner Erziehung, meiner Prägung, meiner alten Muster von Verkrampftheit, von Perfektionismus, von scheinbaren Sachzwängen?

Pfingsten versteht die Kirche seit Jahrhunderten als ihren Geburtstag. Im Geist Gottes begründet sich diese neue Gemeinschaft, die an Jesus Christus, den aus dem Tod Auferweckten, glaubt. Pfingsten hat mit Kommunion zu tun: Es ist der Geist Jesu Christi, der uns zum Mahl zusammenruft und wieder hinausschickt in unseren Alltag.

Dieser Heilige Geist Gottes

* begleitet uns Menschen auf unserem Weg durch die Geschichte,

* stiftet in uns das Gute an und führt uns hin zur Vollendung bei Gott,

* stärkt in uns die Möglichkeiten, unser Leben so zu gestalten, dass wir dem immer ähnlicher werden, was Gott mit uns in unserem Leben vorhat,

* stärkt uns im Glauben daran, dass wir von Gott kommen, von ihm radikal geliebt sind und er uns über den Tod hinaus nicht vergisst,

* lässt uns spüren, dass wir getragen sind im Gesamten des Weltalls, dass Gott uns in seine Hand geschrieben hat und wir deshalb hoffnungsvoll leben können,

* hilft uns, aufeinander zuzugehen und Gemeinschaft untereinander zu halten und mit Jesus Christus Mahl zu feiern,

* schafft Vielfalt, Kreativität, Begabungen und Freundschaften,

* führt uns als Gemeinde zusammen und stiftet die Fähigkeiten, uns gegenseitig zu trösten, einander beizustehen und Frieden zu stiften.

Gemeinsam mit Ihrem Kind können Sie das Pfingstfest besser verstehen lernen, wenn Sie darüber sprechen, welche Gaben Sie sich vom Heiligen Geist erhoffen, damit Ihr (Familien-)Leben besser gelingt.

Sie können gemeinsam überlegen, mit welchen der vielfältigen Begabungen in Ihrer Familie Sie zu einem lebendigen und begeisternden Miteinander beitragen können. In der Kirchengemeinde, am Arbeitsplatz und in der Schule, im Engagement für Gerechtigkeit, Frieden und Bewahrung der Schöpfung in der Welt.

Komm, Heilger Geist, der Leben schafft

1. Komm, Heilger Geist, der Leben schafft, erfülle uns mit deiner Kraft.
   Dein Schöpferwort rief uns zum Sein: Nun hauch uns Gottes Odem ein.

2. Komm, Tröster, der die Herzen lenkt, du Beistand, den der Vater schenkt;
   aus dir strömt Leben, Licht und Glut, du gibst uns Schwachen Kraft und Mut.

3. Dich sendet Gottes Allmacht aus im Feuer und in Sturmes Braus;
   du öffnest uns den stummen Mund und machst der Welt die Wahrheit kund.

4. Entflamme Sinne und Gemüt, dass Liebe unser Herz durchglüht
   und unser schwaches Fleisch und Blut in deiner Kraft das Gute tut.

5. Die Macht des Bösen banne weit, schenk deinen Frieden allezeit.
   Erhalte uns auf rechter Bahn, dass Unheil uns nicht schaden kann.

6. Lass gläubig uns den Vater sehn, sein Ebenbild den Sohn verstehn
   und dir vertraun, der uns durchdringt und uns das Leben Gottes bringt.

7. Den Vater auf dem ewgen Thron und seinen auferstandnen Sohn,
   dich, Odem Gottes, Heilger Geist, auf ewig Erd und Himmel preist.

Friedrich Dörr, 1969, nach dem Hymnus „Veni creator spiritus"

Mit Jesus unterwegs – durch das ganze Jahr

Das ganze Jahr über feiern wir als Glaubensgemeinschaft besondere Festtage, an denen wir uns unserer Beziehung zu Gott mit Jesus Christus auf ganz unterschiedliche Weise bewusst werden können. Im Lauf eines Jahres gibt es so eine bunte Vielfalt an Möglichkeiten, um unseren Glauben lebendig mit allen Sinnen und bei verschiedenen Festen zu feiern.

Christi Himmelfahrt

Dieses Fest feiern wir genau 40 Tage nach Ostern und zehn Tage vor Pfingsten. Der Festtag fällt immer auf einen Donnerstag. Das Fest „Christi Himmelfahrt" hat nichts mit Raumfahrt oder dem Weltall zu tun. Dieses Fest hat eine einfache, aber sehr wichtige Botschaft: Jesus Christus gehört ganz zu Gott. Wer sich auf die Freundschaft mit Jesus Christus einlässt und seine Botschaft ernst nimmt, merkt, dass ihm in Jesus Christus nicht nur ein bedeutender Mensch, sondern Gott selbst begegnet. Jesus Christus hat einmal zu seinen Freunden gesagt: „Wer mich sieht, sieht Gott, den Vater." An „Christi Himmelfahrt" feiern wir das. Den Namen des Festes können wir auch so verstehen: Wer auf Jesus Christus vertraut, für den öffnet sich gleichsam der Himmel. Damit sind aber nicht die Wolken oder der Himmel, den unsere Augen sehen, gemeint, sondern „Himmel" ist für uns dort, wo wir Gottes Liebe spüren.

Fronleichnam

Wir feiern dieses Fest zehn Tage nach Pfingsten; es fällt immer auf einen Donnerstag. Der Begriff „Fronleichnam" kommt von *fron*, das ist ein altes Wort für „Herr", und *lichnam* meint „lebendiger Leib". Fronleichnam heißt also in etwa „Leib des Herrn". Im offiziellen Sprachgebrauch der Kirche lautet der Name dieses besonderen Tages „Hochfest des Leibes und Blutes Christi". Dieser Name verdeutlicht, dass es um die Beziehung zu Jesus Christus in unserem Leben geht. In den Zeichen der Eucharistie-Feier, in Brot und Wein, ist er uns bleibend nahe. Jesus Christus wird zum „Lebens-Mittel" für uns, das uns hilft, unseren Alltag, unser Leben in der Gemeinschaft mit ihm zu leben. Das Fronleichnamsfest wird in den verschiedenen Regionen des deutschsprachigen Raums unterschiedlich gefeiert. Doch eines scheint einleuchtend: Wenn wir das Brot der Eucharistie auf die Straßen und Plätze unserer Wohngebiete tragen, dann drücken wir damit aus, dass Jesus Christus uns nahe ist – auf unseren alltäglichen Wegen und eben nicht nur im Kirchenraum. Die Prozession am Fronleichnamstag kann uns eine wichtige Dimension unseres Glaubens verdeutlichen: Als große Gemeinschaft, als Volk Gottes, sind wir unterwegs. Wir gehen durch unser Leben, durch unsere Geschichte – nicht als Einzelne und nicht ohne die Begleitung Gottes.

Maria, die Mutter Jesu

Das ganze Jahr hindurch feiern wir Feste, die mit Maria, der Mutter Jesu, verbunden sind. Sogar ganze Monate, wie etwa der Mai und der Oktober, sind zur Erinnerung an sie bestimmt. Wie alle Menschen hatte auch Jesus von Nazaret Eltern; seine Mutter hieß Maria; Josef, Marias Mann, war für ihn wie ein Vater. Weil über Maria mehr im Evangelium und in der Apostelgeschichte berichtet wird als über Josef, hat sich die Aufmerksamkeit der gläubigen Menschen im Laufe der Jahrhunderte immer stärker auf Maria ausgerichtet. Manche Menschen finden und pflegen ihren Glauben zu Jesus Christus, indem sie sich an Maria wenden. Die Mutter Jesu soll uns zu ihrem Sohn, zu Jesus, führen. Das sind der Sinn und das Anliegen aller Marienfeste. Von der Mutter Maria wie ein Kind an der Hand genommen, wollen wir zu Jesus Christus kommen. An Marias Haltung, wie sie auf Gott hört und ihm vertraut, können wir uns ein Beispiel nehmen. Maria ist ein Vorbild, an dem wir ablesen können, wie „glauben" gelingt: offen sein für Gottes Wort und es im eigenen Leben in Taten der Liebe umsetzen.

Christkönig

Am letzten Sonntag vor dem Advent feiern wir das Fest „Christkönig". Der Name des Festes klingt zunächst fast lustig, weil wir ja gar keinen König oder Kaiser haben. Doch genau darum geht es. Dieses Fest bekräftigt unsere Freiheit von weltlichen Herrschern. Wir Christen haben keine größere Autorität, keinen größeren Machthaber über uns als Jesus Christus. Ihn bezeichnen wir immer wieder als unseren Herrn. Damit drücken wir aus, dass wir auf ihn hören, seine Botschaft befolgen und uns fest auf ihn verlassen.

Manchmal kann es im Leben schwierig für uns sein. Wir fragen bei Entscheidungen manchmal: Auf wen soll ich denn hören? Wie mache ich es richtig? Das Fest „Christkönig" ruft uns in Erinnerung, dass wir zur Freiheit berufen sind, und uns Jesus Christus mit seiner Liebe die Richtung für ein glückliches Leben gibt.

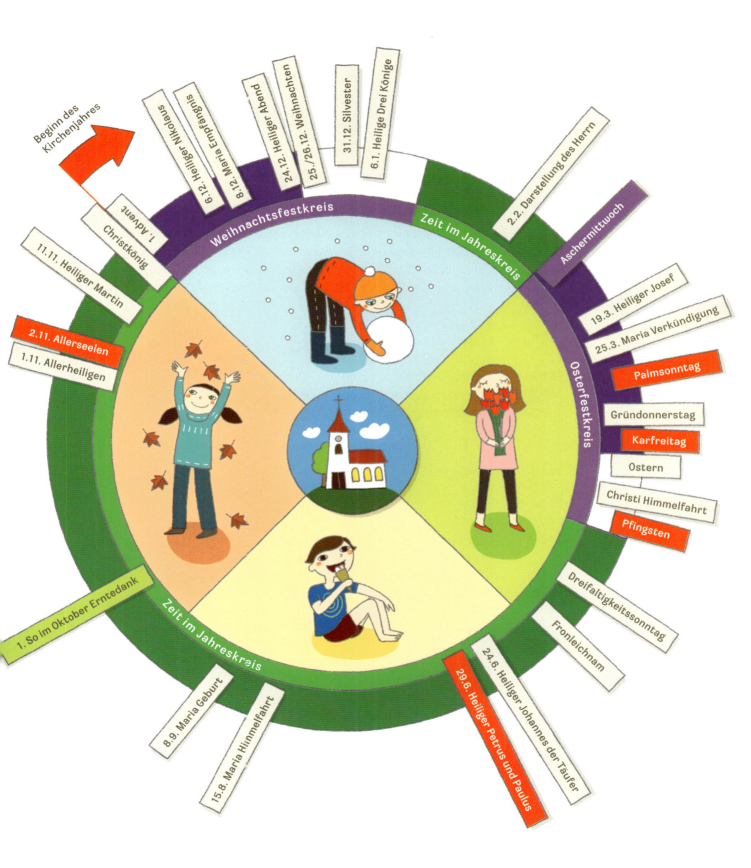

Gott antworten im Gebet

Gebete in der Liturgie

Die Eucharistie-Feier ist ein lebendiges Geschehen. Im Folgenden finden Sie und Ihr Kind die wichtigsten Gebete, sodass Sie diese gemeinsam kennenlernen und sich aneignen können. Das Sprechen der ritualisierten Dialoge als eine Form des gemeinsamen Gebets ermöglicht Ihnen eine aktive Teilnahme an der Eucharistie-Feier.

Begrüßung der Gemeinde

Der Priester breitet die Hände aus und
begrüßt die Gemeinde, indem er spricht: „Der Herr sei mit euch."
Die Gemeinde antwortet: „Und mit deinem Geiste."

Kreuzzeichen

Im Namen des Vaters
und des Sohnes
und des Heiligen Geistes.
                    Amen

Ehre sei dem Vater

Ehre sei dem Vater
und dem Sohn
und dem Heiligen Geist,
wie im Anfang,
so auch jetzt
und allezeit
in Ewigkeit.
            Amen

Schuldbekenntnis

Ich bekenne Gott, dem Allmächtigen,
und allen Brüdern und Schwestern,
dass ich Gutes unterlassen und Böses getan habe.
– Ich habe gesündigt in Gedanken, Worten und Werken:
durch meine Schuld,
durch meine Schuld,
durch meine große Schuld.
Darum bitte ich die selige Jungfrau Maria,
alle Engel und Heiligen
und euch, Brüder und Schwestern,
für mich zu beten bei Gott, unserem Herrn.
      Amen

Ehre sei Gott – Gloria Dei

Ehre sei Gott in der Höhe
und Friede auf Erden den Menschen seiner Gnade.
Wir loben dich,
wir preisen dich,
wir beten dich an,
wir rühmen dich und danken dir,
denn groß ist deine Herrlichkeit.

Herr und Gott, König des Himmels,
Gott und Vater, Herrscher über das All,
Herr, eingeborener Sohn, Jesus Christus.
Herr und Gott, Lamm Gottes, Sohn des Vaters,
du nimmst hinweg die Sünde der Welt:
erbarme dich unser;

du nimmst hinweg die Sünde der Welt:
nimm an unser Gebet;
du sitzt zur Rechten des Vaters:
erbarme dich unser.

Denn du allein bist der Heilige,
du allein der Herr,
du allein der Höchste:
Jesus Christus,
mit dem Heiligen Geist,
zur Ehre Gottes des Vaters.
      Amen

Lesung

Die Lesung wird vom Vorlesepult (Ambo) aus
vorgetragen. Alle hören sitzend zu.

Die Lesung endet mit: „Wort des lebendigen Gottes."
Die Gemeinde antwortet: „Dank sei Gott."

Evangelium

Der Priester oder der Diakon geht zum Vorlesepult (Ambo).

Dort spricht er: „Der Herr sei mit euch."
Die Gemeinde antwortet: „Und mit deinem Geiste."

Der Priester/Diakon
bezeichnet das Buch
und sich selbst auf Stirn,
Mund und Brust
mit dem Kreuzzeichen
und spricht weiter: „Aus dem heiligen Evangelium nach ..."

Die Gemeinde
bezeichnet sich ebenfalls
auf Stirn, Mund und Brust
mit dem Kreuzzeichen
und antwortet: „Ehre sei dir, o Herr."

Nach dem Evangelium
spricht der Priester/Diakon: „Evangelium unseres Herrn Jesus Christus."
Die Gemeinde antwortet: „Lob sei dir, Christus."

Apostolisches Glaubensbekenntnis – Credo

Ich glaube an Gott, den Vater,
den Allmächtigen, den Schöpfer des Himmels und der Erde,
und an Jesus Christus,
seinen eingeborenen Sohn, unsern Herrn,
empfangen durch den Heiligen Geist, geboren von der Jungfrau Maria,
gelitten unter Pontius Pilatus, gekreuzigt, gestorben und begraben,
hinabgestiegen in das Reich des Todes,
am dritten Tage auferstanden von den Toten,
aufgefahren in den Himmel;
er sitzt zur Rechten Gottes, des allmächtigen Vaters;
von dort wird er kommen, zu richten die Lebenden und die Toten.
Ich glaube an den Heiligen Geist,
die heilige katholische Kirche, Gemeinschaft der Heiligen,
Vergebung der Sünden,
Auferstehung der Toten und das ewige Leben.
    Amen

Eucharistisches Hochgebet

Zu Beginn dieses großen Dankgebets steht folgender Dialog:

Priester:	„Der Herr sei mit euch."
Gemeinde:	„Und mit deinem Geiste."
Priester:	„Erhebet die Herzen."
Gemeinde:	„Wir haben sie beim Herrn."
Priester:	„Lasset uns danken dem Herrn, unserm Gott."
Gemeinde:	„Das ist würdig und recht."

Heilig – Sanctus

Heilig, heilig, heilig,
Gott, Herr aller Mächte und Gewalten.
Erfüllt sind Himmel und Erde von deiner Herrlichkeit.
Hosanna in der Höhe.
Hochgelobt sei, der da kommt im Namen des Herrn.
Hosanna in der Höhe.

Während des Hochgebetes

Der Priester zeigt der Gemeinde die Hostie und den Kelch,
dann spricht er:

Priester: „Geheimnis des Glaubens."
Gemeinde: „Deinen Tod, o Herr, verkünden wir,
                und deine Auferstehung preisen wir,
                bis du kommst in Herrlichkeit."

Vaterunser

Vater unser im Himmel,
geheiligt werde dein Name.
Dein Reich komme.
Dein Wille geschehe, wie im Himmel so auf Erden.
Unser tägliches Brot gibt uns heute
und vergib uns unsere Schuld,
wie auch wir vergeben unsern Schuldigern.
Und führe uns nicht in Versuchung,
sondern erlöse uns von dem Bösen.
Denn dein ist das Reich und die Kraft und die Herrlichkeit
in Ewigkeit.
      Amen

Friedensgebet

Der Priester breitet die Arme aus und spricht:	„Der Friede des Herrn sei allezeit mit euch."
Alle antworten:	„Und mit deinem Geiste."

Lamm Gottes – Agnus Dei

Lamm Gottes, du nimmst hinweg
die Sünde der Welt, erbarme dich unser. (2x)
Lamm Gottes, du nimmst hinweg
die Sünde der Welt, gib uns deinen Frieden.

Einladung zur Kommunion

Der Priester nimmt ein Stück Hostie und spricht zur Gemeinde:	„Seht das Lamm Gottes, das hinwegnimmt die Sünde der Welt."
Gemeinsam mit dem Priester bekennt die Gemeinde:	„Herr, ich bin nicht würdig, dass du eingehst unter mein Dach, aber sprich nur ein Wort, so wird meine Seele gesund."

Kommunion

Der Priester zeigt jedem die Hostie und spricht:	„Der Leib Christi."
Der Empfänger der Kommunion antwortet:	„Amen."

Segen und Sendung

Der Priester breitet die Hände aus und spricht:	„Der Herr sei mit euch."
Alle antworten:	„Und mit deinem Geiste."
Der Priester entlässt und sendet die Gemeinde:	„Gehet hin in Frieden."
Die Gemeinde lobt Gott:	„Dank sei Gott, dem Herrn."

Mit Gott neu anfangen – Umkehr und Versöhnung

Liebe Eltern,

Situationen in unserem Leben, in denen wir andere oder uns selbst schädigen, in denen wir Lebensmöglichkeiten behindern – im Umgang mit der Natur, im Umgang untereinander und im Umgang mit uns selbst –, fordern von uns immer wieder deutliche Veränderungen. Die Notwendigkeit von Umkehr wird inzwischen auch für viele gesellschaftliche Probleme entdeckt und anerkannt. Die Kluft zwischen Arm und Reich, die Zerstörung unserer Lebensgrundlagen in der Natur, die Zerstörung von Beziehungen, die Verweigerung von Gemeinschaft zwischen Eltern und Kindern sind für uns alle Herausforderungen zur Umkehr und zur Versöhnung. Es ist sehr wohl wichtig, die eigenen Verhaltensweisen zu überprüfen.

Mit Kindern über Umkehr und Versöhnung nachzudenken und sie auf das Beichtgespräch vorzubereiten, meint nicht, ihnen Sündenängste einzureden. Kinder haben allerdings sehr wohl etwas davon, wenn sie ihre eigenen, manchmal auch sehr egoistischen und destruktiven Verhaltensweisen reflektieren lernen. Sie können Ihren Kindern viel Gutes tun, wenn Sie mit guten Argumenten immer wieder gemeinsam mit ihnen darüber nachdenken, was richtig oder falsch, was gut und was böse ist. So zu tun, als ob alles in Ordnung sei – im Wahn der Unschuld, für nichts verantwortlich zu sein –, wäre schließlich Verdrängung.

Kinder lernen bei der Vorbereitung auf das Sakrament der Versöhnung, mit den eigenen Schattenseiten umzugehen. Auch wenn Sie, die Eltern, selbst keinen Zugang zum Beichtgespräch (mehr) haben sollten, so kann Ihr Kind für sein eigenes Leben etwas Wichtiges lernen: Wenn ich einen Fehler gemacht habe, dann kann ich im geschützten Beichtgespräch darüber sprechen, kann dazu stehen lernen und mir die Versöhnung Gottes zusagen lassen.

Sie als Eltern können sich darüber bewusst werden, dass Ihre Kinder von Ihnen lernen können, neu anzufangen. Kinder lernen am Beispiel ihrer Eltern, sich zu streiten und sich zu versöhnen. Den eigenen Kindern Versöhnungsprozesse innerhalb der Familie nicht vorzuenthalten, ist entscheidend. Je realistischer und je weniger frömmelnd der Lernprozess von Umkehr und Versöhnung verläuft, desto mehr haben Sie in Ihrer Familie etwas davon.

Diese Erfahrungen gibt es in vielen Familien, die in regelmäßigen Abständen darüber nachdenken:

* Wie gehen wir miteinander um?

* Warum gibt es immer wieder unnötigen Streit?

* Wer drückt sich laufend um die Arbeiten im Haushalt, die aufgeteilt werden können?

Dies ist eine realistische Form von Umkehr, die zu mehr Lebensqualität führt. Ebenso realistisch ist es, dass es Situationen und Umstände geben mag, die Ihre vorbildliche elterliche Umkehr- und Versöhnungsbereitschaft möglicherweise überfordern. Gottes Barmherzigkeit ist größer. Darauf zu vertrauen und die Erfahrung zu machen, dass ich auch mit meiner Schuld angenommen bin, will erfahren und eingeübt sein.

Damit Sie sehen, wie möglicherweise die Feier der Versöhnung in einem Beichtgespräch ablaufen kann, finden Sie einen Vorschlag auf den folgenden Seiten. Einmal dient er Ihrer Orientierung; dann mag er Grundlage für die Planungen Ihrer Gemeinde sein oder aber auch Anlass für ein Umkehr-Gespräch in Ihrer Familie.

Einführung

Die Feier der Versöhnung

Manchmal ist es gut, wenn wir mit jemandem darüber sprechen können, was in unserem Leben nicht gut läuft und wo wir immer wieder Fehler machen. Meist wissen wir in unserem Inneren, was gut oder böse ist. Wir können über unser Leben nachdenken und in uns hineinhorchen, was uns leidtut, wofür wir um Vergebung bitten und was wir künftig anders machen wollen.

Jeder Mensch kann in sich hineinhorchen, um besser zu wissen, was gut oder böse ist. Gott hat uns dazu eine innere Stimme, unser Gewissen, gegeben. Mit seinen Weisungen hilft er uns, unsere innere Stimme zu verfeinern und Antennen zu entwickeln, wie wir mit anderen Menschen und mit Gott leben können.

In der Vorbereitung auf das Beichtgespräch können wir etwas Wichtiges lernen: unser Leben anschauen, über unser Verhalten nachdenken und sensibel werden, ob wir andere verletzt haben, unsere Fehler bereuen und Wege suchen, wie wir manches wieder gutmachen können.

In der Beichte haben wir die Möglichkeit, über das, was wir in unserem Leben falsch machen, mit einem Priester zu sprechen und gemeinsam mit ihm Gott um Vergebung zu bitten.

Wir können uns mit unseren Mitmenschen und mit Gott versöhnen.

Bevor wir beichten, bereiten wir uns auf dieses Gespräch vor. Dazu können die folgenden Anregungen eine Hilfestellung sein.

Wir beginnen die Betrachtung unseres Lebens mit einem Gebet zu Gott:

Guter Gott,

ich komme zu dir.

Ich will mich von dir versöhnen lassen.

Manches gelingt mir gut in meinem Leben,

doch es gibt auch manches,

was mir nicht gelingt und was ich falsch mache.

Niemand liebt mich so sehr wie du.

Zu dir habe ich Vertrauen,

dir kann ich alles sagen.

Du vergibst mir.

Hilf mir, meine Fehler zu erkennen.

Hilf mir, dass ich darüber sprechen

und um Vergebung bitten kann.

Hilf mir, mich zum Guten zu ändern.

Amen

Mein eigenes Leben

Ich bin von Gott unendlich geliebt. Er hat mich gut erschaffen mit vielen Begabungen und Fähigkeiten. Er will, dass ich zu mir selbst und zu anderen gut bin, dass ich meine Begabungen und Fähigkeiten für mich und für andere Menschen einsetze.

* Nehme ich mich an, so wie ich bin? Oder bin ich dauernd mit mir unzufrieden?

* Unterstütze ich meine Begabungen und Fähigkeiten durch Lernen und Üben?

* Bin ich ehrlich zu mir selbst?

* Behandle ich meinen Körper gut? Achte ich auf meine Gesundheit?

Mein Leben mit den Mitmenschen

Gott hat mich in die Gemeinschaft mit anderen Menschen hineingestellt. Im Umgang miteinander kann viel Freude oder viel Leid entstehen. Unsere Aufgabe ist es, mehr Licht als Dunkelheit zu verbreiten.

* Wie lebe ich mit meiner Familie zusammen, mit meinen Eltern und eventuell Geschwistern? Lasse ich die unangenehmen Aufgaben in der Familie die anderen tun, oder bin ich bereit, mich an den Arbeiten im Haushalt zu beteiligen und Unangenehmes nicht auf die anderen abzuschieben? Ärgere ich die anderen unnötig, suche ich mit ihnen dauernd Streit?

* Bin ich meinen Eltern dankbar für das, was sie für mich tun? Versuche ich zu verstehen, wie es ihnen manchmal geht?

* Gebe ich mir Mühe, mit anderen gerecht und friedlich zusammenzuleben? Bin ich bereit zu teilen? Nehme ich anderen weg, was ihnen gehört?

* Wenn jemand traurig ist – tröste ich ihn? Wenn jemand Hilfe braucht in der Schule oder zu Hause – helfe ich?

* Wenn etwas Unangenehmes entsteht, sage ich dann trotzdem die Wahrheit oder lüge ich? Sage ich manchmal über Mitschülerinnen und Mitschüler Falsches, um ihnen zu schaden oder sie zu ärgern?

* Wie gehe ich mit den Kindern in der Schule um, die sich schwertun oder die nicht richtig deutsch sprechen können? Denke ich nur an mich, oder nehme ich Rücksicht auf die anderen?

Mein Leben mit Gott

Gott liebt mich und wird mich nie vergessen. Er hat mir durch meine Eltern das Leben geschenkt und ist immer für mich da – wie die beste Mutter, wie der beste Vater.

* Denke ich manchmal an Gott und danke ihm? Habe ich Vertrauen zu Gott und sage ihm, was mich bedrückt und was mir Freude macht?

* Versuche ich, die Einladung zum Gottesdienst anzunehmen und mit der Gemeinde gemeinsam zu ihm zu beten?

* Bin ich bereit, auf das zu hören, was wir über Gott wissen können und was er uns sagt?

Mein Leben mit der Schöpfung

Als Gott die Welt und alles Leben erschaffen hat, sprach er: „Alles ist sehr gut." Er hat die Schöpfung uns Menschen anvertraut.

* Wie gehe ich mit Pflanzen und Tieren um? Habe ich Respekt/Ehrfurcht vor allem, was lebendig ist?

* Helfe ich mit, dass die Natur, das Wasser und die Luft nicht unnötig verschmutzt werden?

Beichten – wie geht das?

Ein Beichtgespräch könnte folgendermaßen ablaufen:

Nachdem du dir Gedanken über dich, dein Leben und auch deine Fehler gemacht hast, gehst du in das Zimmer, in dem du dich mit dem Priester zum Beichtgespräch triffst.
Der Priester begrüßt dich, und ihr beginnt das Beichtgespräch mit dem Kreuzzeichen:

„Im Namen des Vaters und des Sohnes und des Heiligen Geistes, Amen."

Zusammen mit dem Priester kannst du nun über das sprechen, was du dir zuvor überlegt hast. Du kannst über das reden, was dich bedrückt. Vor allem aber kannst du das aussprechen, was in letzter Zeit nicht richtig gewesen ist. Am Ende eures Gespräches bittest du:

„Ich bitte Gott um Vergebung."

Der Priester spricht zu dir die Frohe Botschaft Jesu und sagt dir:

„Ich spreche dich los von deinen Sünden. Im Namen des Vaters und des Sohnes und des Heiligen Geistes, Amen."

Oder der Priester sagt es mit anderen Worten:

„Gott vergibt dir deine Sünden. Im Namen des Vaters und des Sohnes und des Heiligen Geistes, Amen."

Zu diesen Worten segnet dich der Priester mit dem Kreuzzeichen. Du machst das Kreuzzeichen und sagst:

„Amen."

Der Priester beendet euer Beichtgespräch mit den Worten:

„Gelobt sei Jesus Christus!"

Und du antwortest:

„In Ewigkeit, Amen."

Der Priester darf über das, was du mit ihm besprochen hat, mit niemandem reden! Das, was du mit ihm besprochen hast, gehört zum „Beichtgeheimnis".

Der Tag deiner ersten Beichte soll für dich ein fröhlicher Tag sein. Diese besondere Form der Versöhnung mit Gott kann dich aufbauen, dir Kraft und Mut geben, manches in deinem Leben besser zu machen. Du kannst im Gefühl leben, dass du bei Gott auch mit deinen Fehlern und Schwächen angenommen und geliebt bist.

Das erste Beichtgespräch soll nicht das letzte sein. Es ist ein Anfang von vielen Möglichkeiten, sich mit dir selbst, mit Gott und den Mitmenschen zu versöhnen.

Guter Gott,

ich möchte gut sein und tun, was gut ist.
Ich möchte lieber Licht
als Dunkelheit sein für andere Menschen.
Ich habe es nicht immer fertiggebracht.
Du hast mir so viel Schönes geschenkt.
Ich möchte dankbar sein.

Leider habe ich oft nur an mich selbst gedacht
und dich manchmal vergessen.
Nicht alles, was ich falsch gemacht habe,
kann ich wieder gutmachen.
Für alles, was ich falsch gemacht habe,
bitte ich dich um Vergebung.

Gib mir Kraft, zu anderen Menschen gut zu sein.
Ich will mich ändern und in Zukunft ...

Guter Gott, ich danke dir.
Amen

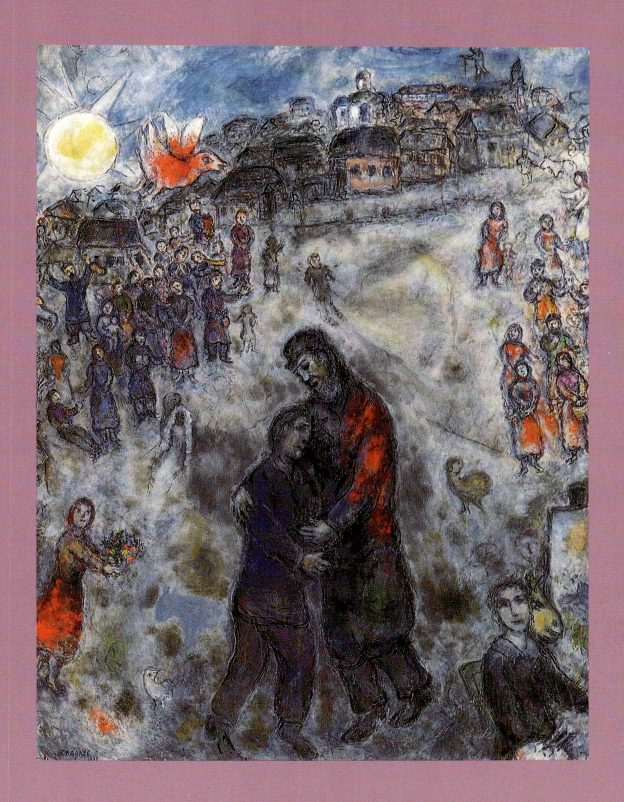

Quellenverzeichnis

S. 29 Sieger Köder, Abraham. Die Nacht von Hebron © Sieger Köder

S. 44 Es ist Essenszeit, nach: Karlheinz Buhleier, Materialbuch Erstkommunion. Elternkatechese. Kinderkatechese. Gottesdienst © Matthias-Grünewald-Verlag, Mainz ²1994

S. 76 Emil Nolde, Christus und die Kinder, 1910, Ölfarben auf Leinwand © Nolde Stiftung Seebüll

S. 98 Sieger Köder, Ihr habt mir zu essen gegeben © Sieger Köder

S. 131 Andreas Felger, Auferstehung, Öl auf Leinwand © Andreas Felger Kulturstiftung, Berlin

S. 163 Andreas Felger, Licht auf blauem Feld, Aquarell © Andreas Felger Kulturstiftung, Berlin

S. 164 Der innerste Raum, in: Ernesto Cardenal, Das Buch von der Liebe © Peter Hammer Verlag, Wuppertal 2004

S. 191 Marc Chagall, Der verlorene Sohn, 1975, Öl auf Leinwand © VG Bild-Kunst, Bonn 2013

Die Bibeltexte sind entnommen: Gute Nachricht Bibel, revidierte Fassung, durchgesehene Ausgabe © Deutsche Bibelgesellschaft, Stuttgart, www.bibelonline.de

Der Kösel-Verlag weist ausdrücklich darauf hin, dass im Text enthaltene externe Links vom Verlag nur bis zum Zeitpunkt der Buchveröffentlichung eingesehen werden konnten. Auf spätere Veränderungen hat der Verlag keinerlei Einfluss. Eine Haftung des Verlags für externe Links ist stets ausgeschlossen.

Verlagsgruppe Random House FSC® N001967
Das für dieses Buch verwendete FSC®-zertifizierte Papier
Profibulk liefert Sappi, Gratkorn.

5. Auflage
Copyright © 2012 Kösel-Verlag,
in der Verlagsgruppe Random House GmbH, München
Umschlag: fuchs_design, München
Umschlagmotiv: Illustration: Mascha Greune, München,
Bild (Detail): Gerhard Braun, Berlin
Innengestaltung: Petra Dorkenwald, München
Druck und Bindung: Mohn Media, Gütersloh
Printed in Germany
ISBN 978-3-466-36915-7
www.koesel.de